MOEWIG ROMAN

Joachim
Fernau
Brötchen-
arbeit

MOEWIG

Copyright © by F. A. Herbig Verlagsbuchhandlung, München – Berlin
Genehmigte Taschenbuchausgabe
Umschlagfoto: Klaus Ott
Umschlagentwurf und -gestaltung: Franz Wöllzenmüller, München
Verkaufspreis inkl. gesetzl. Mehrwertsteuer
Auslieferung in Österreich:
Pressegroßvertrieb Salzburg, Niederalm 300, A-5081 Anif
Printed in Germany 1981
Druck und Bindung: Mohndruck Graphische Betriebe GmbH, Gütersloh
ISBN 3-8118-2163-6

Inhalt

Womöglich noch heiter? Pfui!	9
Adam im Garten	11
Anziehen oder Ausziehen?	17
Plädoyer für den Junggesellen	35
Was ist „Glück"?	43
Komm nach Wien, ich zeig dir was	
Die Wiener-Kongreß-Szene aus dem	
Drehbuch zum Film	51
Die Erzherzog-Johann-Szene	64
Bei einer Zigarre zu lesen	71
Es braust ein Ruf wie Donnerhall	
Die Canossa-Szene aus dem Film-	
Drehbuch	93
Wir blasen zum Sammeln	109
Zum ersten, zum zweiten, zum dritten!	117
Rubens und die Weltrangliste	125
Psychologie der Künstler	133
Nina 1954	145
Mit der schwäbsche Eisebahn	167
Peterchens Mondfahrt	177
Das behagliche Gruseln	191
Sherlock Holmes wüßte jetzt was	197

Womöglich noch heiter? Pfui!

Weiß der Himmel, aus welchem Grunde das Wort „Brötchenarbeit" einen verschämten Beigeschmack hat! Wahrscheinlich stammt das aus der Zeit, als Goethe seiner ehrfürchtigen Umwelt das Beispiel eines über alle Brötchen erhabenen Olympiers gab.

Nun hatte Goethe aber eine Pension, und zwar keine kleine, was das ganze Exempel etwas entwertet.

Das kann doch wohl nicht gut möglich sein, daß ein Mensch, den die Muse in der Wiege mehr oder weniger heftig geküßt hat, nichts mehr von dem tun darf, was Onassis ohne weiteres darf, nämlich eine Gelegenheit wahrnehmen. Ja, ich behaupte sogar, daß eine Gelegenheit, die ein Onassis ausnutzt, um vieles schäbiger ist als die Gelegenheit, die Werner Egk ergriff, als er den Auftrag für eine Olympische Hymne annahm. Er hätte, wäre er nicht Werner Egk, Heil dir im Siegerkranz komponieren können, statt dessen lieferte er Kunst. Auch Franz Hals lieferte Kunst, als er die stumpfsinnigen Auftragsbilder der Schützengilden malte, und Hugo von Hofmannsthal lieferte Kunst, als er sich „dazu hergab", das Libretto für den Rosenkavalier zu schreiben. Ja, wahrscheinlich wehte ein Flügel der Muse über den Bechsteinflügel Richard Wagners, als er in bitterer Not in Paris Korrepetitor war.

Nein, Brötchenarbeit, Auftragsarbeit, verdient, sofern man nicht einen Verrat an sich selbst begeht, mehr als eine Ehrenrettung. Sie verdient, daß man nicht nur das Portemonnaie, sondern auch den Hut zieht. Sehen Sie: Eine „Idee" sieht in dem Kopf des Auftraggebers zunächst meistens wie die Laokoongruppe aus, nicht sehr klar. Nun gilt es für den Schriftsteller oder Maler, nicht nur die vage Idee zu packen, sondern auch noch in Geist und Form zu gießen. Das ist eine härtere Prüfung, als sie die meisten Dichter vertragen. Wen Sie dabei erröten sehen, der wird wohl Grund dazu haben. Sich von Brötchenarbeit zu ernähren, ist keine Schande. Sich bei Brötchenarbeit aber zu amüsieren, ist natürlich das höchste der Gefühle. Hier steht man zweifellos hoch über allen Ölmagnaten. Ein gütiges Geschick erlaubt mir, zur zweiten Gruppe zu gehören.

Wo hätte ich sonst Gelegenheit zu vergnüglichen Seitensprüngen gehabt, Gelegenheit, über Adam im Garten oder das Abgründige im Badeanzug oder über die Schwabinger Dachstuben zu schreiben, wenn nicht freundliche Industrielle oder Zeitschriftenverleger in dem Wahn befangen gewesen wären, ich müßte das für sie tun? Wo hätte ich sonst die Möglichkeit gehabt, auf unverbindliche Weise in das Innenleben des Wiener Madls einzudringen oder Nina mit Frank zu verkuppeln, würde nicht der Film bei mir anläuten und mir seine Laokoongruppen zum Entwirren anbieten.

Ja – alle diese Dinge habe ich getan.

Nun erscheinen sie zwischen zwei Buchdeckeln; das sollten sie gar nicht. Es sind ja nur kleine Kolibris, Meisen und Zaunkönige, die man nicht einsperrt.

Na ja, hoffentlich singen sie auch in Ganzleinen.

J. F.

Adam im Garten

Man muß einmal eine Reihe von Menschen fragen, was ein Garten ist, und man wird staunen, wieviel dummes Zeug da geantwortet wird. Der Rechtsanwalt sagt: „Ein Garten ist ein in öffentlicher Hand oder im Privatbesitz befindliches, mit Flora aller Art versehenes, eng umgrenztes Terrain." Der Hauswirt sagt: „Der Garten ist derjenige den Wert der Mietwohnungen erhöhende Teil des Hauses, dessen Betreten den Mietern verboten ist." Das Meyersche Lexikon schreibt: „Garten, umfriedetes Stück Land, auf dem Gewächse zu materiellem oder ästhetischem Genuß gezogen werden."

Alle diese Antworten sind klare Beweise, daß die Leute nichts vom Garten verstehen. Es gibt nur eine einzige richtige Antwort auf die Frage, was ein Garten ist. Diese Antwort kann keine Frau geben, denn für sie hat Garten zuviel mit Petersilie zu tun, sondern nur ein Mann. Die Antwort besteht darin, daß man den Frager zuerst erstaunt anschaut, dann lächelt, dann die Pfeife aus der Hosentasche zieht, sie mit Tabak füllt, ihn mit dem Zeigefinger feststopft, ein Streichholz anreißt, es über die Pfeife hält, ein paar tiefe, gleichmäßige Züge macht und dann langsam sagt: „Ein Garten, mein Lieber, ein Garten – tja – haben Sie meinen eigentlich schon mal gesehen? Ich habe da ein paar Cleome spinosa, von denen ich Ihnen an Eides Statt versichere, daß ich sie nicht gezogen habe, schon gar nicht etwa im Glasbeet. Ich habe gar kein Glasbeet. Nein, sie kam Ende Mai, sie war einfach da. Sie kennen doch die Cleome spinosa? Natürlich kennen Sie sie; das Merkwürdige ist, daß meine Cleome einen unverkennbaren Stich ins Blaue hat. Was sagen Sie dazu?"

Einem Menschen, der dazu nichts zu sagen hat, braucht man auch nicht zu erklären, was ein Garten ist. Er begreift's ja doch nicht.

Die meisten Leute sind der irrigen Meinung, daß ein Garten dazu da ist, fünf Liegestühle aufzunehmen, in denen man mit seiner Frau und drei Bekannten sitzt und eine Bowle trinkt, während die Kinderchen zwischen den Beeten Blinde Kuh spielen. Das ist falsch. Und zwar alles. Erstens einmal ist ein Garten nicht für Bekannte da. Man kann sie gelegentlich, trotzig schweigend, durchführen, aber sie haben dort nicht zu bleiben. Adam und Eva waren im Paradies auch allein. Ja, eigentlich gehört der Garten nur Adam. Natürlich kann man nicht verhindern, daß die Frau am anderen Ende irgendwo Unkraut jätet, aber der echte Genießer – derjenige, dem das Schicksal zu Recht einen Garten geschenkt hat –, der nimmt ihre Existenz gar nicht zur Kenntnis. In seinem Garten hat der Mann unbedingt mit seinen Gedanken einmal allein zu bleiben. In einem Garten quasselt man nicht. Erlaubt sind außer Anweisungen an die Frau nur Äußerungen wie: „Hm, hm, hm" oder „Schau, schau" oder „Na, das werden wir gleich haben." Einen Begleiter, sei es auch die eigene Frau, der hier fragen würde: „Was?", darf man mit Recht einen Schwätzer nennen.

Man sagt auch nicht, jemand ist im Garten, sondern jemand hält sich im Garten auf. Man beachte diesen feinen Wortinhalt: er hält sich auf, während er sonst bittet: „Halten Sie mich nicht auf!" Ferner drückt das Wort aus, daß der Betreffende sich in weiter, unerreichbarer, festlicher, ferienhafter Ferne befindet. So etwa, wie man sagt: „Mein Mann ist nicht hier, er hält sich in Venedig auf."

Nun zum zweiten: die Bowle. Natürlich kann man im Garten eine Bowle trinken. Aber es muß nicht sein. Vernünftige Menschen lassen den Bowlenduft nicht mit dem Blumenduft konkurrieren. Das ist unfair. Gegen die Bowle und gegen die Blumen. Bowle trinkt sich ausgezeichnet um einen runden Tisch in der Stube.

Der gröbste Irrtum aber ist, die grüne Matte eines Gartens als eine Hängematte für Faulenzer anzusehen. Sehen Sie, das eben gibt dem kleinen Hausgarten die turmhohe Überlegenheit über das langweilige biblische Paradies: im Garten darf man arbeiten. Es ist der einzige Platz auf Erden, wo man „arbeiten darf", anstatt daß man „arbeiten muß". Ein Mensch, der nicht spürt, wie schön das ist, verdient keinen Garten.

Anziehen oder Ausziehen?

*Doktor-Arbeit über den Vorrang
der beiden bekannten Tätigkeiten*

Über das Thema ist von bedeutender Feder noch nie geschrieben worden. Grimms Märchen „Von einem, der auszog, das Fürchten zu lernen" könnte man ja nur dann dazu rechnen, wenn es hieße: „Von einem, der *sich* auszog, das Fürchten zu lernen." Schade, daß Grimm es nicht so nannte, es hätte das Thema auf interessante Gebiete erweitert. Wir werden auf die merkwürdige Tatsache des Fürchtens beim Ausziehen noch zurückkommen.

Die Frage des Vorrangs von Anziehen oder Ausziehen berührt eines der wunderbarsten Geheimnisse der Welt. Sie berührt jenes Rätsel, das die Physiker die „Umkehrbarkeit gewisser Vorgänge" nennen.

Nun ist mir natürlich bewußt, daß ich mit der Erwähnung des Wortes „Physiker" eine Gefahr sondergleichen heraufbeschworen habe. Wenn das Wort Physik fällt, reißt der Gedankenfaden, der sich so locker von „Geheimnis" zu „Rätsel" spann, bei den meisten Menschen jählings ab, sie erschrecken, sie hören es knallen und sehen verschiedene unverständliche Dinge, vorwiegend Kurzschlüsse.

Dem ist hier jedoch nicht so; vielmehr liegt die Sache so schlüssig, daß Kurzschlüsse vollkommen ausgeschlossen sind. Was wir zum Verständnis brauchen, ist ein Sektglas und etwas blutstillende Watte. Je feiner das Sektglas, desto besser; je besser die blutstillende Watte, desto feiner.

Beginnen wir!

Nehmen Sie das Sektglas zwischen beide Hände! Und nun drücken Sie die Hände mit einem Ruck zusammen! Wie Sie sehen, hat sich das Sektglas überraschenderweise verändert. Wenn Sie nun die Hände erwartungsvoll wieder öffnen, so sehen Sie – was?

Unerfreuliches.

Das ist außerordentlich interessant. Es ist nicht nur interessant, es ist rätselhaft; und ich will Ihnen, sobald Sie das Blut gestillt haben, auch sagen, warum. Macht man zum Beispiel einen anderen Versuch: preßt man einen Schwamm zusammen und öffnet die Hände wieder, so nimmt der Schwamm sofort seine alte Gestalt, seinen früheren Zustand an. Es gibt also Dinge, die sich zurückverwandeln. Dies genau nennt die Physik einen umkehrbaren Vorgang. Die Sache mit dem Sektglas ist, wie Sie persönlich bezeugen können, keiner.

Rein philosophisch gesehen liegen die Dinge so: Das Sektglas ist offensichtlich uninteressiert an einer Rückkehr in seine alte Gestalt, es kennt anscheinend keinen Zustand, den es bevorzugt.

Der Schwamm dagegen scheint auf das höchste daran interessiert, in seinen ursprünglichen Zustand immer wieder zurückzukehren.

Vorrang – Urzustand – merken Sie? Wir haben die Kurve trotz überhöhter Geschwindigkeit geschafft!

Die Frage nach dem Vorrang von Anziehen oder Ausziehen ist also, wie wir eben gesehen haben, letztlich eine Frage nach dem Urzustand des Menschen.

Eine Frage, so werden Sie sagen, die sich leicht beantworten läßt, seit wir wissen, daß die Bibel doch recht hat: Im I. Buch Moses steht es. Adam und Eva waren nackt.

Ich wüßte keine erfreulichere Nachricht. Wahrhaftig.

Jedoch, ruhig Blut. Es gilt jetzt festzustellen: Erstens, ob die Bibel sich nicht doch geirrt hat, denn daß der Mensch nackt war, ist total unglaubwürdig – und zweitens, ob der Mensch denn überhaupt eines jener Dinge ist, die sich wie ein Schwamm benehmen. Menschenkenner werden hier mit „ja" antworten, aber wir wollen es ja wissenschaftlich beweisen.

Untersuchen wir den Punkt 1.

Wie war das damals im Paradies: Eine Dame und ein Herr, angeblich nackt, campten in einem zoologischen Garten, wie lange? Sagen wir fünfzig oder hundert Jahre; bis sie eines Tages das taten, was seitdem als einer der schönsten Genüsse des Lebens gilt: Sie sündigten. Und zwar gründlich.

Ich frage: Ist das glaubwürdig?

Nein, es ist unglaubwürdig. Es ist geradezu lachhaft. So wenig es für einen Blinden einen Grund gibt, sich als Exzeß einmal eine Sonnenfinsternis zu wünschen, genauso wenig glaubhaft ist es, daß der ewig nackte Adam explodiert sein soll, bloß weil die ewig nackte Eva ihm eines Tages eines ihrer Äpfelchen in die Hand legte. Wir wollen uns doch darüber im klaren sein, daß eine Handlung, wie sie Adam allem Anschein nach an Eva dann vorgenommen hat, eines auslösenden Mo-

21

mentes bedarf. Dieses Moment fehlt absolut bei einem Zustand, wie ihn das Buch Moses schildert.

Ein Vergleich macht das sofort deutlich:

Stellen Sie sich vor, Ihre Frau träte des Sonntagmorgens an Ihr Bett, hielte Ihnen eine Schüssel mit Kartoffelsalat und Wiener Würstchen hin und teilte Ihnen mit, daß es dies zum Mittagessen gäbe. Beim Rasieren im Badezimmer erscheint sie schon wieder mit den Würstchen, um sie Ihnen zu zeigen. Dann stehen die Wiener auf dem Kaffeetisch: „Das, Liebling, gibt's heute mittag, freust du dich?" Beim Erheben vom Frühstück folgt Ihre Frau Ihnen mit der Schüssel und dem Hinweis, daß es dies zu Mittag gäbe. Sie hat auch in der Kirche die Würstchen bei sich, um sie Ihnen zu zeigen, und wenn Sie auf dem Heimweg nach dem Hausschlüssel in der Tasche greifen, haben Sie ein Würstchen in der Hand.

Genügt das? Adieu, Appetit!

Alle Erfahrungen und alle modernen Experimente kommen zu dem gleichen Ergebnis. Unvergessen ist der instinktlose Versuch mit dem „oben ohne", den man kürzlich anstellte und der nichts anderes bezweckte, als uns im übertragenen Sinne fortgesetzt einen Wurstzipfel zu avisieren. Was will man uns da stehlen! Nichts Geringeres als den Auslöser-Effekt! Den Starkstrom-Schlag!

Die erotische Elektrizität, die dann herrschen würde, hätte höchstens jene Stärke, die in einem Kamm entsteht, den man am Ärmel reibt. Sie reicht bekanntlich gerade, daß einem die Haare zu Berge stehen. Ein moderner Geigerzähler würde keine einzige Geige anzeigen. Bei dem Begriff der Elektrizität, die in dem Sündenfall eine so entscheidende Rolle gespielt hat, sollten wir einen Augenblick verbleiben.

Sie ist ja etwas Rätselhaftes. Ihre mildeste Form sind die eingeschlafenen Füße. Schon die alten Ägypter kannten sie, sie konnten sie aber nicht nutzbar machen. Die Römer glaubten, aufgrund ihres ganz modern ausgebildeten Bürobeamtentums größere Chancen zu haben; es gelang ihnen aber auch nicht. Diese Quelle ist bis heute ungenutzt.

Das ist schade, denn gar so häufig kommt Elektrizität in der Natur nicht vor. Die Physik nennt nur noch zwei Arten: die sogenannte atmosphärische und die sogenannte tierische Elektrizität. Mit der ersten ist der Blitz gemeint, mit der zweiten die Erotik. Es ist jenes „Knistern", das wir alle schon beobachtet haben. Wodurch dieses „Knistern" zwischen zwei Menschen entsteht, ist bis auf den heutigen Tag ungeklärt. Das Meyersche Konversationslexikon sagt: „Die Elektrizität wird durch das Aneinanderreiben geeigneter Körper geweckt." Das ist richtig. Heute – nach langjährigen wissenschaftlichen Beobachtungen – weiß man, daß unscheinbarste Anlässe genügen können: Ein Blick, eine Stimme, ein Mercedes.

Streng wissenschaftlich ist damit das Buch Moses widerlegt. Wir wollen festhalten, was sich herausgestellt hat: Adam und Eva waren *nicht* nackt.

Wenn sie aber nicht nackt waren, was waren sie dann?

Sie waren bekleidet. Dieser Schluß mag die heutigen Logiker überraschen, dennoch ist er richtig. Na ja, ich sage so hin „die heutigen Logiker", ich bitte um Entschuldigung, ich habe natürlich keine Ahnung, ob es sie gibt. Ich wüßte auch, ehrlich gesagt, nicht wozu. Logik ist ja eigentlich eine Bremse, und jeder moderne Autofahrer weiß, wie wenig flüssig es sich mit angezogener Handbremse fährt und wie weit man hinter den anderen zurückbleibt. Bei einer wissenschaftlichen Arbeit wie dieser ist Logik jedoch entschuldbar.

Der geneigte Leser kann sich nach unseren Beweisführungen nun ein lebhaftes Bild von Adam und Eva machen. Beide waren bekleidet, jeder von ihnen besaß nicht ein, nein, er besaß zwei Kleidungsstücke, wie Moses ausdrücklich erwähnte, wenn er auch in seiner bekannten Zerstreutheit die Textilfrage irrtümlich hinter den Sündenfall legt. In Vers 3/21 heißt es: „Und der Herr machte Adam und seinem Weibe Röcke von Fellen und kleidete sie." Röcke! Auch für Adam! Also klipp und klar: Der Schottenrock war die erste Création, und die Briten können sich wahrscheinlich gegen den alten Vorwurf des Größenwahns verwahren und in das Wappen der schottischen Schneider durchaus den Satz setzen: „Founded in paradise."

Wenn der bereits geneigte Leser sich noch etwas mehr neigen würde, so könnte er sehen, daß Adam und Eva nichts darunter trugen. Die Trikotagen stammen aus späterer Zeit.

Das zweite Kleidungsstück, das Adam und Eva besaßen, war ein Badeanzug. Ihn hatten sie nicht geliefert bekommen, sondern selbst gefertigt. Es wäre wünschenswert, wenn die Journalisten, unsere tibetanischen Gebetsmühlen, endlich einmal diese Tatsache

zur Kenntnis nähmen und mit d
sten Gewerbe der Welt" aufhörte
wohl erwiesen – ist das der Ba
Adam und Eva waren die erster
einzige Tätigkeit, die aus ihrem
gewiesen ist.

Hier erhebt sich nun eine Frag
deutung, die Frage: Warum?

Wenn ein Mensch – und Adam war ja einer, wenn auch
noch nicht auf Serie gelegt – ich sage: wenn ein Mensch
den Schritt zu einer Arbeit tut, muß ein Grund, eine
Art Zwangslage vorliegen.

Was kann Adam veranlaßt haben, sich einen Badeanzug zu machen?

Nun, wir wollen nicht lange hin und her psycholo-
gisieren, Sie werden es nicht erraten: Er wollte baden.

Er wollte baden. Wer weiß, wie lange er gewartet
hat, vielleicht fünfzig, sechzig Jahre: Jetzt wollte er
endlich einmal baden.

Gelegenheit gab's. Moses sagt ausdrücklich, daß
vier Flüsse das Paradies umspülten, er nennt auch ihre
Namen.

Was Adam vorschwebte, war etwas Knappes. Er
schlug da zwei Fliegen mit einer Klappe: Stoffersparnis
und verkürzte Arbeitszeit.

Das Material, das er verwendete, benutzt man heute
nicht mehr, nur hier und da noch in unterentwickelten
Ländern; es waren Feigenblätter. Falls es die Blätter
der arabischen Feige waren, so wird er für sich persön-

...ahnen haben nehmen müssen, denn sie lie-
...14 Zentimeter breit, und das ist sehr knapp.
...oskanische Feige liegt 25 Zentimeter, also quasi
...oppelt breit, da hätte für ihn wohl eine Bahn genügt
– jedenfalls nach allem, was man so hört und bei Mu-
sterungen sieht.

Wir wollen festhalten: Immer noch erfüllten Adam
und Eva peinlich genau die Vorschriften: sie waren
bekleidet. Aber mit der Erfindung des stramm sitzenden Badeanzuges war ihnen der Blick für etwas aufge-
gangen, wovon sie sich vorher nichts hatten träumen
lassen: der Blick für die doppelte Buchführung des
Menschen, die bekanntlich darin besteht, daß alles,
was auf der einen Seite als Plus in Erscheinung tritt, auf
der anderen Seite genau entsprechend als Minus da
sein muß. Eva sah es sofort, Adam wenig später. Noch
heute lernen viele kaufmännische Lehrlinge das Prin-
zip der doppelten Buchführung auf diese einfache, an-
schauliche Weise.

Den beiden, Adam und Eva, muß damals ein freu-
diger Schreck in ihre Glieder gefahren sein. Dies – und
damit kommen wir zum Ausgangspunkt unserer Be-
weisführung zurück – dies war der Moment des Auslö-
ser-Effektes!

Nun, da wir die Wahrheit über Nacktheit oder
Nicht-Nacktheit im Paradies festgestellt haben, reiht
sich auch im weiteren Geschehen mit Adam und Eva
alles ganz logisch aneinander. Wie unsinnig die alte
Vorstellung, daß der Schöpfer ihnen nach dem Sündenfall Kleider zur Belohnung gemacht und ihnen
noch die Schnittmusterbogen mit auf die Reise gege-

ben haben soll! Nein, wahr ist vielmehr das Gegenteil. Volkstümlich und auch heute noch vorbildlich für gütliche Trennungen wird seine Stimme getönt haben: „Hinaus, Unwürdige! Und die Sachen bleiben mir hier, damit das klar ist!"

Wir kommen nun zu dem zweiten Punkt unserer Fragestellung: Ist der Mensch denn überhaupt eines jener Dinge, die es mit der Umkehrbarkeit halten, die also wie der Schwamm oder zum Beispiel auch zusammengepreßte Luft stets in einen Urzustand zurückzukehren trachten?

Nun wäre es weit gefehlt zu glauben, daß der Beweis leicht zu führen und schnell fertig sei. In der Wissenschaft ist das Wort „leicht" so verdächtig wie in der Literatur das Wort „Humor", und nichts bringt die Wissenschaftler – nehmen wir nur die Atomforscher – so sehr in Harnisch, als wenn man ihre Experimente leicht-fertig nennt. Sie fassen das als unfreundlich, als einen gewissen Tadel auf, der es doch gar nicht sein soll. Nein, die Wissenschaft ist profund. Profund heißt ja tiefgründig. Die Ozeanographen sprechen zum Beispiel von einer „Profundalzone", einer Tiefenregion im Meer, wo keinerlei Licht mehr herrscht. So etwa muß man sich also die Wissenschaft, vor allem die Philosophie, vorstellen.

Friedrich Schiller hat freilich einmal über die Philosophie geschrieben:

„Einem ist sie die hohe, himmlische Göttin, dem anderen eine tüchtige Kuh, die ihn mit Butter versorgt."

Schiller – nun ja. Er darf so etwas hinsagen, das ist so Art des Dichtervölkchens. Da gibt es eben Unterschiede, das läßt man passieren, das geht durch.

Was ihn zu diesem bitteren Distichon veranlaßte, war wahrscheinlich der Zwischenkieferknochen, den Goethe entdeckt hatte und an dem Schiller schwer herumgenagt hat. Er versuchte, dem etwas Gleichwertiges entgegenzusetzen, Sie kennen das Gedicht:

„Meine Laura! nenne mir den Wirbel,
der an Körper Körper mächtig reißt . . ."

Zu spät, Herr Schiller. Diesen Wirbel hätte Ihnen damals bereits jeder Medizinstudent im ersten Semester nennen können. So leicht ist das also nicht.

Nach dieser Abschweifung wollen wir unsere Untersuchung wieder aufnehmen.

Adam und Eva gingen nackt aus dem Paradies, und nackt kommen wir heute ganz folgerichtig bei unserer Geburt wieder an. Ich sage folgerichtig, denn es müßte keineswegs so sein, ja, es dürfte nicht so sein, wenn Adam und Eva bekleidet in die Welt hinausgezogen wären. Natürlich würde niemand erwarten, daß wir mit einem Hut auf dem Kopf zur Welt kämen, aber einen Angorapullover könnten wir anhaben. Ein Angorapullover könnte durchaus im Mutterleib wachsen, er tut es bei den Ziegen gleichen Namens ja auch.

Nackend also kommt das Kind zur Welt.

Und was beobachten wir nun? Etwas sehr Typisches, Beweiskräftiges: nach acht Tagen bekommt dieses Kind ein Paar Stiefelchen, nach vierzehn Tagen den ersten Zweireiher und nach vier Wochen eine Armbanduhr, es ist bereits fix und fertig angezogen. Für den Fotografen hat es sogar eine Jockey-Mütze auf. Nur bei entarteten Grafenfamilien kann man erleben, daß das Neugeborene mit einem schlichten Hemd und einer Strampelhose zu 95 Pfennigen bekleidet wird, immerhin bekleidet.

Eine Repräsentativ-Umfrage auf Bundesebene „Was würden Sie für Ihr Neugeborenes vorziehen: klug, schön und bekleidet oder dumm, häßlich und nackt" ergab 98,6 Prozent Antwort: „Gekleidet". Instinktiv wählten also 98,6 Prozent das Richtige.

Die Psychoanalyse, die ja ebenfalls eine Wissenschaft aus der Profundalzone ist, interpretiert diese Antwort mit dem Fachausdruck: Luft-Schutzkomplex.

Zwei Beobachtungen also deuten einwandfrei darauf hin, daß der Mensch tatsächlich zu den Dingen gehört, die gewisse Vorgänge umkehren.

Ein weiteres Experiment kann jedermann selbst, und zwar ohne besonderen Aufwand, bei sich zu Hause machen: Er nehme eine x-beliebige Frau und ziehe sie aus.

Er wird erleben, daß sie sich kurz darauf wieder anzieht.

Es ist eine alte Erfahrung, daß es keinen denkenden Menschen gibt, der sich fürchtet, sich anzuziehen. Dagegen stößt man, vor allem eben als Mann und Forscher, immer wieder auf Studienobjekte, die Bedenken zeigen, sich auszuziehen. Deshalb geißelten wir Seite

29

neunzehn, Zeile fünf, daß die Brüder Grimm ihr Thema etwas zu eng gefaßt haben.

Wir müssen nun einmal betrachten, woher das erstaunliche Zurückschrecken vor dem Ausziehen kommt.

Zunächst sei vorweggeschickt, daß wir die Bedenken, die ein Herr davor hat, eine Dame auszuziehen (also nicht sich selbst) sehr wohl nachfühlen können. Das Ausziehen dieser Art erweckt jene Ungeduld und Nervosität, die man empfindet, wenn man ein mehr oder weniger gut verschnürtes Postpaket aufknoten soll. Wenn uns der Inhalt in freudige Erwartung versetzt, so wird kaum ein Mann es fertigbringen, die Verschnürung kunstgerecht und geduldig zu lösen. Er wird vielmehr die Schere nehmen, alle Strippen durchsäbeln und den Rest herunterreißen.

So geöffnet zu werden, hat kein Paket gern. Schon gar nicht, wenn es nur eine Probesendung war.

Das ist also klar.

Dagegen ist die Frage, warum so manche Personen sich fürchten, sich selbst auszuziehen, eine berechtigte Frage von höchstem wissenschaftlichem Interesse.

Auch hier müssen wir zunächst eine Gruppe von Betroffenen ausschalten, bei denen der Grund der Furcht offen zutage liegt. Es gibt Frauen, die durch Schönheit und Charme Kunstwerke sind. Andere wiederum sind es nicht. Das ist wesentlich. Oscar Wilde hat da einmal etwas sehr Richtiges ausgesprochen: „Wer kein Kunstwerk ist, sollte wenigstens eines tragen." Ein sehr weiser Satz, erstaunlich aus einem Frauenmunde! Wer also von solch einem Nicht-Kunstwerk

30

der Natur das äußerliche Kunstwerk des Schneiders entfernt, der begeht zweifelsohne einen Akt von Vandalismus. Man könnte ihn mit jenen unüberlegten Bilderstürmern des 16. Jahrhunderts vergleichen, die die Gemälde von den Wänden rissen und dann vor dem Mörtel standen.

Die Furcht, sich zu entkleiden, ist hier also höchst verständlich und entspringt der Weisheit der Betreffenden.

Aber die anderen? Die vielen wirklichen Kunstwerke der Natur – was fürchten diese? Die Sünde? Das möchte ich eigentlich nicht glauben. Ich sehe da keinen rechten Zusammenhang.

Nein, ich glaube – vielmehr, ich bin sicher, daß hier das Erbe Evas abermals durchbricht, die bekanntlich im Paradies nie weiter gegangen ist als bis zum Badeanzug. Jenen aus Feigenblättern.

Die Scheu ist also ein Erbstück, sie liegt im Gen, sie ist genetal begründet.

Die ersten, die das schon frühzeitig listig erkannt haben, waren die Hersteller von Badeanzügen. Niemals haben sie geglaubt, eines Tages brotlos zu werden. Und die Historie hat ihnen recht gegeben.

Man muß es einmal ganz klar aussprechen, daß der Badeanzug, der klassische, geradezu metaphysisch ist. Unbedingt! Er geht an sich über unser Fassungsvermögen. Freilich kommt es auch gelegentlich vor, daß wir über seins gehen, doch das ist es nicht, was wir hier beleuchten wollen, denn es betrifft nicht unser, sondern sein Innenleben.

Nein, er ist in gewissem Sinne von metaphysischer Konstruktion, er ist mit unserem Denkschema nicht zu erfassen, und unsere Sprache reicht fast nicht aus, ihn zu umschreiben. Nicht, was er hat, sondern was er nicht hat, ist so verwirrend.

Zunächst: Er gilt als Anzug, ist jedoch ein Auszug. Andererseits ist er kein Auszug im Sinne eines Extrakts eines Anzugs. Zweifellos nicht. Nennen wir ihn also weiter formell Anzug. Dieser Anzug hat keine Ärmel, nicht einmal die Spur davon. Er hat auch kein Hosenbein. Es entfällt. Er hat so entschieden kein Hosenbein, daß er, um auch nur den Verdacht eines Hosenbeins zu vermeiden, stets noch ein Stück aus der Hüfte herausschneidet. Er hat auch kein Schulterstück. Er hat nichts, was man auch nur entfernt als Kragen oder Revers oder als etwas von der Länge oder Breite derselben bezeichnen könnte. Er hat keinerlei Taschen. Das ist vollends irritierend, das ist nicht nur irritierend, das ist ruinös. Wo soll man die Hände lassen? Ohne Taschen hat der Mensch – man merkt es dann zum erstenmal – acht bis zehn Hände. Wohin damit? So kommen die malerischen Positionen zustande, die man am Strand beobachten kann. Mit der einen Hand rückt man die Sonnenbrille zurecht, nimmt sie ab, setzt sie auf. Mit der zweiten Hand streicht man das Haar zurück, erst links, dann rechts, dann wieder links. Das geht. Mit der dritten pendelt man, Sand durch die Finger rieseln lassend, hin und her. Den vierten und fünften Arm kreuzt man über der Brust. Und die restlichen? Bleiben ein Problem. Dieses Problem hängt eng zusammen mit einem weiteren Ding, das fehlt: dem

Knopf. Knöpfe zum Auf- und Zuknöpfen wären imstande, hundert Händen Brot und Arbeit zu geben. Sie könnten die Dame aus jeder Verlegenheit herausbringen und den Mann statt dessen hinein. Müßig, weiter zu sprechen: sie fehlen.

Was ist geblieben?

Ja, meine Damen und Herren, was ist geblieben? Der „Badeanzug"; und das ist das Metaphysische daran. Das rührt an die letzten Dinge. Daß auch Adam dieses Gefühl haben würde, wußte Eva, als sie sich ihren Badeanzug schneiderte. Sie wußte auch, wohin es gemeiniglich führt, wenn ein Mann sich mit Metaphysik befaßt, statt wiederzukäuen; wenn sein Erkenntnistrieb geweckt, wenn er zum Entdecker wird. Gewiß, das Paradies bot viele Freuden. Doch vernascht und nicht vernascht zu werden, sind zwei sehr unterschiedliche Vergnügen.

Hiermit haben wir unsere Untersuchung abgeschlossen.

Sie hat uns zahlreiche neue Erkenntnisse vermittelt und somit die Forderung erfüllt, die die Wissenschaft an eine Dissertation stellt.

Es möge uns erlaubt sein, die wichtigsten Punkte noch einmal zusammenzufassen.

Erstens:

Wir sind stets die Nachfahren unserer Vorfahren, aber nur mitunter die Vorfahren unserer Nachfahren, so gewagt diese Behauptung auch klingen mag.

Zweitens:

Es entspricht lediglich dem Urzustand und ist daher

logisch, daß eine Frau sich am wohlsten im Pelz fühlt,
aber – wie Napoleon sagen würde – den Badeanzug im
Tornister trägt.

Drittens:

Daß der Mann einst ebenfalls einen Rock trug, hat
in seinen Genen tiefe Spuren und in seinen Gedanken
eine tiefe Sehnsucht nach Röcken hinterlassen. Man
nennt das einen genetalen Atavismus.

Viertens:

Der erste Wechsel, der je vollzogen wurde, war der
vom Gehrock zum Badeanzug im Paradies. Man nennt
das einen Solawechsel (von „Solarplexus" – medizinisch das sogenannte sympathische Nervensystem).

Fünftens:

Der Mensch ist, was seinen Hang zur Rückkehr in
den Urzustand betrifft, mit der Luft verwandt. Latei-
nisch: homo lufticus.

Sechstens:

Das Primat von Angezogen (vor Ausgezogen) ist
bewiesen. Wir wollen dieses Gesetz auch gleich endgül-
tig formulieren: Ausziehen wirkt sofort anziehend!

Ich schließe mit dem klassischen Ausspruch des römi-
schen Dichters Plautus: „Sapienti sat!" Auf deutsch:
„Wer etwas davon versteht, weiß nun Bescheid!"

Plädoyer
für den Junggesellen

Der berühmteste Junggeselle war Heinrich der Achte von England (der mit den sechs Frauen)! Dieser Satz stimmt nicht, aber er ist gut. Denn Junggeselle wird oder bleibt man nicht, man ist es. Von Geburt an. Man kann an eine Wiege herantreten und sagen: „Armes Wurm, du bist ein Familienvater." Oder man sieht hinter die Tüllgardine, erblickt zwei Augen, bekommt plötzlich selbst kleine Lustfältchen um die Augen und sagt: „Mit diesem Sprößling, gnädige Frau, endet Ihr Name, wenn auch vielleicht nicht Ihr Blut."

Dreißig Jahre später begegnet man ihm verheiratet. Nanu? Habe ich vor dreißig Jahren etwas über seine Verehelichungsmöglichkeit ausgesagt? Nichts, im Gegenteil! Eine Ehefrau besagt gar nichts. Es gibt Menschen, die müssen alles haben. Das ist nun einmal so, wenn es auch merkwürdig ist.

Wir wollen einen Schritt weitergehen, zur nächsten Ecke. Junggeselle sein ist etwas ganz anderes, es ist ein Lebensstil. Die Germanen waren es nie, sie hatten das Heldische im Blut, aber die Engländer zum Beispiel sind die geborenen Junggesellen. Sie haben es sich auf ihrer Insel seit langem sehr gemütlich gemacht. Natürlich muß man Geld haben. Junggesellen haben immer Geld. Dennoch werden sie von Frauen nicht wahrhaft tief innerlich geliebt, wie das doch sonst zu sein pflegt. Es herrscht ein überaus merkwürdiges Wechselver-

37

hältnis: die Frauen sind durch einen echten Junggesellen stets beleidigt, so, wie Marktfrauen beleidigt sind, vor deren Ständen man herumsteht, auf deren Tischen man herumwühlt, um dann schief zu lächeln und zu gehen.

Goethe, ein echter Junggeselle trotz Frau von Stein, hat diese Situation gegenüber den Frauen in einem Gedicht festgehalten, das mit Recht so geschätzt wird: „Ihr glücklichen Augen, was ihr je gesehn, es sei wie es wolle (!), es war doch schön!" Es bezieht sich auf die Junggesellen, zweifellos, er überschreibt das Gedicht sogar ganz offen „Der Türmer". Sie können sich nun sicher unschwer vorstellen, welche Seligkeiten ein Junggeselle erlebt. Junggesellen leben in einem permanenten Paradies. Sie sind oft herrliche Kindsköpfe geblieben und stets etwas flegelhaft. Ein Familienvater, wie zum Beispiel der Philosoph Hegel, schreibt in seinem Vorwort: „Zu ganz besonderem Dank verpflichtet bin ich den Herren der Akademie." Der Junggeselle Schopenhauer schreibt in seinem Vorwort: „Wie könnte ich erwarten, daß die schon in frischer Jugend durch den Unsinn Hegels verrenkten und verdorbenen Köpfe noch fähig seien, tiefsinnigen Untersuchungen zu folgen? Sie sind früh gewohnt, den hohlsten Wortkram, den läppischsten Aberwitz und die rasendsten Wortzusammenstellungen, bei denen sich etwas zu denken der Geist vergeblich martert, für Philosophie zu halten ... Meine letzte Zuflucht ist, den Leser zu erinnern, daß er ein Buch, auch ohne es gelesen zu haben, doch auf mancherlei Art benutzen kann. Es kann eine Lücke seiner Bibliothek ausfüllen, wo es

sich, sauber gebunden, sicher gut ausnehmen wird, er
kann es auch seiner gelehrten Freundin (!) auf die
Toilette legen." (Toilette heißt hier Frisiertisch.) Ist
das nicht schön?

Wer spricht so – ein Junggeselle! Ach, wie sich einem
da die Brust weitet! Wem außer einem Junggesellen
würde es einfallen, einen Ball in einem Braubottich zu
veranstalten, auf der Pompejussäule in Alexandria mit
seinen Freunden den Punsch zu trinken, oder wie jener
britische Admiral ein Glühweinfest zu geben, wo der
Glühwein ein Marmorbassin füllte, in dem ein kleiner
Bengel, als Hebe verkleidet, in einem Bootchen aus
Acajou-Holz herumfuhr und die Gäste mit einem goldenen Schöpflöffel bediente; oder wie Thomas Spencer
1818 in allen englischen Zeitungen zu annoncieren,
man möge ihm „nie weiter als 1 Shilling kreditieren, da
ich fest entschlossen bin, nichts zu zahlen oder je be-
zahlen zu lassen"; oder zu wetten, 15 Meilen in einer
Stunde auf einem Pferde, mit dem Gesicht zum
Schwanz, zu reiten, oder zu wetten – –

Ich will Ihnen jetzt kurz beschreiben, wie Junggesellen wetten: Sie sitzen im Café, der Regen schlägt ans
Fenster. Darauf sagt der eine:

„Wetten, daß dieser Tropfen eher unten ist als der
hier?" Der andere muß darauf sofort und ohne hinzu-
sehen antworten:

„Eine Flasche Mathäus Müller Blau-Rot."

Jetzt erst sieht er hin. Und zwar stellt er fest, daß der
Tropfen des anderen von vornherein zwei Zentimeter
im Nachteil war. Sie beugen sich jetzt beide ange-
strengt vor. Der eine steht auf und stößt die Kaffee-

tasse um, der andere hält den Mund dicht an die Scheibe und haucht sie an.

„Durch Wärme", muß er dazu sagen, „durch Wärme wird der Tropfen dünnflüssiger und rinnt schneller."

„Dünnerflüssiger!" verbessert der andere.

„Wieso? Dünnflüssiger!"

„Gut, wir sprechen darüber noch."

Der Ober kommt, wischt den Tisch trocken und schiebt eine neue Tasse hin. Die beiden werden abgelenkt und verpassen die durchs Ziel gehenden Tropfen.

„Gestatten, meine Herren", entscheidet der Ober, „der linke war Sieger. Meinen Glückwunsch, mein Herr!"

Ich komme nun zum Schluß. Die Junggesellen, die echten Junggesellen, lege ich Ihnen hiermit an Ihr Herz. Die Menschheit ist ein bißchen stumpf und alt geworden in zweitausend Jahren Ehe. Wir sollten es uns wieder einmal, wie die Junggesellen, seelisch bequem machen. Das ist etwas Wunderbares. Wer es fertigbringt, dies auch noch von Zeit zu Zeit den Frauen in künstlerischer Form zu präsentieren, vielleicht indem er plötzlich einmal mit dem Küchenhandtuch die „Stumme von Portici" oder Marcel Marceau spielt, der wird etwas ganz Erstaunliches erleben: Seine Frau wird lächeln (nachsichtig), auf ihn zutreten, ihm durch das Haar streicheln und sagen: „So kenne ich dich ja gar nicht, Liebster."

Obwohl er so viel Würde als Familienvater aufgegeben hat, wird er einen Grad an Popularität erreichen, wie ihn etwa Clark Gable hatte. Das ist ja auch dessen ganzes Geheimnis. Alle Frauen müssen glauben, sie seien die einzigen Mitwisser dieses Geheimnisses. Ein Leben ohne Geheimnisse aber führt geradewegs in den Kältetod. Meine Herren Ehemänner! Lernt so geheimnisumwittert zu sein wie die Junggesellen, lernt vor allem so viel Geld zu haben!

Was ist „Glück"?

Es gibt kein Wort in der Welt, das so häufig und so gedankenlos angewandt wird wie das Wort Glück. Wenn man den hunderttausend Schlagern und Filmen trauen darf, dann ist das Glück wie ein Märchenwald, durch den die schnurgerade Autobahn des Lebens führt. Aber steigen wir doch einmal aus und untersuchen wir, woraus der Wald besteht! Aus lauter Bäumen, sagen Sie? Ich glaube, Sie irren sich. Merken Sie sich für den Wald wie für das Glück den Vers: „Links sind Bäume, rechts sind Bäume, und dazwischen Zwischenräume." Philosophisch exakt ist das natürlich nicht.

Vor der Philosophie sollte man keine Angst haben. Zum Schluß stellt sich doch immer heraus, daß sich der Inhalt einer zehnbändigen philosophischen Abhandlung in einem einzigen Satz zusammenfassen läßt. Wenn zum Beispiel Gellert, dieser Erztüftler, schreibt: „Lebe, wie du, wenn du stirbst, wünschen wirst gelebt zu haben", so lassen Sie sich sagen, daß er weiter nichts meint als: „Hoffentlich bereust du am Ende nichts!"

Das Wichtigste beim Philosophieren ist, ganz woanders anzufangen als da, wo man hin will. Um philosophisch zu erklären, wie man „das Glück" aufzufassen habe, darf man um Himmels willen nicht mit der Tür ins Haus fallen! Man würde sofort in den Verdacht geraten, ein Laie zu sein.

Nein, man muß etwa folgendermaßen beginnen: Meine Damen und Herren, es gibt ein paar Wörter, die hatten ursprünglich keine Mehrzahl, z. B. das Wort „die Welt". Aber seit wir wissen, daß unsere sichtbare Sternenwelt nur eine von vielen ist und seit wir durch die Fernrohre den entferntesten Milchstraßensystemen ungeniert ins Fenster gucken, sprechen wir von „Welten". Auch aus der „Luft" (z. B. er geht in die Luft) wurden inzwischen „Lüfte" (er stieg in die Lüfte), und aus der „Erde" wurden in der Wirtschaftssprache „Erden". Nur zwei Begriffe haben sich bisher standhaft jeder Vervielfältigung widersetzt: das All und das Glück. Anscheinend empfinden wir beides als Geschlossenes und Unteilbares.

An dieser Stelle – das wäre das gute Recht eines jeden Laien – könnte man bereits ungeduldig werden und fragen: „Was soll der Unsinn? Glück ist der Sechser im Lotto, das ist doch ganz klar!"

Aber gerade das ist *keine* Erklärung. Ein Sechser im Lotto ist nur ein Glücks-*Fall,* ja nicht einmal das: Er ist nur möglicherweise ein Glücksfall. Er ist, an dem Beispiel des Weltalls erklärt, nur eine Insel, nur ein einzelner Fixstern, wenn auch ein saftiger! Aber so, wie tausend Sonnensysteme noch nicht „das All" ausmachen, so wären tausend Sechser (also jede Woche, zwanzig Jahre lang) auch nicht „das Glück". Gerade dieses übertriebene Beispiel leuchtet ein. Die Vorstellung, das Glück müsse wie ein fortlaufender massiver Bretterzaun ohne Lücken sein, ist genauso kindisch wie die Vorstellung, das All müsse von einem Ende bis zum anderen aus lauter handfesten Dingen bestehen.

Das tut es nicht. Jeder Oberschüler weiß heute, daß die Himmelskörper im Weltraum nur einen verschwindend kleinen Teil ausmachen.

Und nun sind wir am Kern der Sache: So, wie das All ohne Leere nicht denkbar ist, so gibt es auch nicht ein „Glück" ohne lange ereignislose Zwischenräume. So, wie das Weltall viel mehr aus „Nichts" als aus Erden und Sonnen besteht, so besteht „das Glück" auch nur aus wenigen, dünn über unser Leben verteilten glücklichen Stunden.

Eine von ihnen erleben wir vielleicht am 11. Januar, die andere am 28. Januar, die nächste am 4. März.

Und was liegt dazwischen?

Jetzt kommt die tröstliche philosophische Erkenntnis: Dazwischen liegen die vielen ungeschehenen Dinge, bei denen wir uns freuen, daß sie nicht geschehen sind! Zwischen dem 11. und 28. Januar liegt die Blinddarm-Operation, die nicht nötig wurde, der Bankkrach, der nicht eintrat, die Kündigung, die ausblieb, der Autounfall, der vermieden werden konnte. Lauter „Nichts" (denn sie sind ja nicht passiert) und dennoch ein Teil des Glücks. Ein unentbehrlicher Bestandteil des Glücks, in dem die handfesten Freuden wie Inseln schwimmen.

Der Volksmund empfindet das noch sehr richtig, wenn er sagt: „Zum Glück fuhr der Zug nicht pünktlich ab" oder „zum Glück ist nichts passiert!"

Theodor Fontane hat in einem Brief an den Physiker Heinrich Hertz einmal geschrieben: „Gott, was ist Glück! Eine Grießsuppe, eine Schlafstelle und keine körperlichen Schmerzen – das ist schon viel. Das

47

Glück, wenn es mir recht ist, liegt in zweierlei: darin, daß man ganz da steht, wo man hingehört, und zum zweiten und besten in einem behaglichen Abwickeln des ganz Alltäglichen, also darin, daß man ausgeschlafen hat und daß einen die neuen Schuhe nicht drücken. Wenn einem die 720 Minuten eines zwölfstündigen Tages ohne besonderen Ärger vergehen, so läßt sich von einem Tag unter einem glücklichen Stern sprechen."

Komm nach Wien, ich zeig dir was

Die Wiener-Kongreß-Szene aus dem Drehbuch zum Film

Wiener Straßen werden mit Girlanden geschmückt, Karossen fahren ein, die Bevölkerung ist in Hochstimmung. Jahreszeit: September.

Stimme des
Sprechers: Ja, der Wiener Kongreß! Herbst 1814! Das waren herrliche Tage. Net nur für die hohen Herrschaften. Für alle.
Sieben Könige sind kommen, Minister und Fürsten gar net zum zählen. Der Wellington war auch da, dazu der Hardenberg, der Talleyrand für das besiegte Frankreich –, was heißt „besiegt". Auf dem Schlachtfeld schon, aber am Tisch net! Angschmiert habens nur die Preußen a bisserl. Na ja. Einer muß ja, net wahr?
Es war eigentlich kein Kongreß, es war ein Venusberg. Ohne Übertreibung.

Mittag, Sonne, an den Flügeltüren zu einem Saal. Der Rücken eines Lakaien verdeckt zunächst das Bild. Jedesmal, wenn der Lakai sich tief verbeugt, gibt er den Blick frei auf eintretende Herrschaften, darunter im richtigen Moment auch jedesmal die Dame, die der Sprecher gerade mit Namen vorstellt.

Stimme des
Sprechers:

Ein rauschendes Fest nach dem anderen, *ein* Empfang nach dem anderen, *ein* Diener nach dem anderen – à propos, das war grad die Fürstin Bagratiòn – *eine* paradiesische Nacht nach der anderen, *eine* Frau schöner als die andere, russische Comtesserln, französische Baronesserln, Römerinnen, sächsische Baronesserln, Venezianerinnen – das da eben war die Gräfin Zichy, eine unserer besten! – Alles im Gefolge der Monarchen als Geheimwaffe mitgebracht. Für unsere Madln sinds schwere Tage gwesen. Aber sie haben sich tapfer geschlagn. Bitt schön, damit mir uns net falsch verstehn, es ist tagsüber um sehr viel gangen: Um die Aufteilung der Landkarten von Europa.

Abends. Arbeitskabinett von Metternich. Fürst Metternich, eine hohe, hagere Gestalt von 41 Jahren, betritt das Kabinett.

Stimme des
Sprechers: Die Fäden sind alle beim Metternich zusammengelaufen.
                        Sie wissen, net wahr? Der berühmte Metternich, Fürst, Staatskanzler; a Filou.

Metternich schließt die Tür. Im Kabinett befinden sich zwei junge Damen. Musik aus dem Ballsaal.

Metternich: Ich danke Ihnen, meine reizenden Freundinnen, daß Sie so pünktlich sind. Das heißt, wo ist denn unsere liebe Gräfin Zichy?

Fürstin Gabriele
Auersperg: Gleich kommt sie. Sie teilt bloß noch die Zoferln ein.

In einem kleinen Raum die Gräfin Zichy in Ballrobe, um sie herum acht reizende Kammerkätzchen.

Gräfin Zichy
klatscht in die Hände: Stehts net herum wie ein Sauhaufen. Antreten, vorwärts.

Die Mädchen stellen sich in Reih und Glied auf.

53

Gräfin Zichy:	Also, ein für alle Mal, daß mir uns da richtig verstehn. Das ist Staatsdienst, gell? Und noch etwas: Hände weg von die höchsten Herrschaften. Ihr seids die zweite Garnitur, net wahr. Ihr kümmerts euch um die Herren Staatssekretäre und Adjutanten. Verstehn mir uns?
Die Zoferln knicksen und hauchen:	Ja, Frau Gräfin.
Gräfin Zichy:	So. Und jetzt laßts mich amal schauen, was an euch dran ist.
(zur ersten:)	Wie deine Knie ausschauen, kann i mir denken. So ists recht. Schön groß bist.
1. Zoferl:	Ein Meter siebzig, Frau Gräfin.
Gräfin Zichy:	Also, zu die Preußen.
(Sie geht zur zweiten:)	Und du, laß amal schauen.
(Sie guckt ihr in den Busenausschnitt:)	Net schlecht. Schöne Knopferln hast. Die mußt so halb rausblinzeln lassen.

Gräfin Zichy geht zur dritten, einer drallen schwarzhaarigen:	Ja, bei dir ist mir schon alles klar. Zum russischen Staatssekretär.
Gräfin Zichy zur vierten:	Bist du a Bub oder a Madl? Du hast ja garnix vorn! Hast wenigstens hinten was, dreh dich amal. Hebs Rockerl. Schau schau. Hätt ich net denkt. Dreh dich zruck.
Sie legt nachdenklich den Finger an die Nase:	Hör zu, du ziehst dir a Pagen-Uniform an. Du gehst zum Sekretär vom Wellington. I hab so a Ahnung, daß der des mag.
Gräfin Zichy zur fünften:	Hör amal, du bist doch keine Wienerin?
5. Zoferl knickst:	Ich bin aus Tirol.
Gräfin Zichy:	A Tirolerin? Was ham denn die besonderes? Wie macht ihr's denn in Tirol?

5. Zoferl lacht:	Grob, Frau Gräfin.
Gräfin Zichy lacht auch:	Das paßt mir, Madl. Ab zu die Bayern.
Gräfin Zichy zur sechsten:	Biltzsauber bist. Schad, daß i dich weggebn muß. Sehr schad. Du gfallerst sogar mir. Alsdann, in Gotts Namen, wo willst hin?
6. Zoferl:	Zu der italienischen Gesandtschaft. Frau Gräfin.
Gräfin Zichy verdreht die Augen:	Jessas! An Geschmack hast! Aber bittschön.
Gräfin Zichy zur siebten:	Na, und du? Auch sehr liab. Aber das beste an dir, Madl, das weißt, gell . . .
7. Zoferl, das einen sehr großen schwellenden Mund hat:	Meine Brusterl, Frau Gräfin.
Gräfin Zichy:	An Schmarrn.

7. Zoferl:	Die Schenkerl?
Gräfin Zichy:	Das kann i net beurteilen. Zeigs her!

Zoferl hebt den Rock.

Gräfin Zichy:	Ja, um Gotts Willen, du hast ja nix drunter! Das kommt garnet in Frag, hörst! Bloß net gleich alles herzeigen, was ma hat. Du ziehst mir eine seidene an. Suchet, so werdet ihr finden, ist der Grundsatz von einem anständigen Madl. Also, du weißt net, was i gmeint hab?
(zur achten Zofe:)	Weißt dus?
Die achte Zofe schaut die siebte genau an, lacht dann und sagt:	Also, Frau Gräfin, wenn i a Mann wär, dann wüßt ichs: ihr Mund.
Gräfin Zichy:	Genau! Ab zu die Franzosen!
Und zur achten gewandt:	Du scheinst mir ja ein recht ein gescheites Madl zu sein. Sauber

57

	bist auch. Du paßt zu die Sachsen!
Dann, zur ganzen Gruppe:	Also, Madeln, noch einmal: Ihr müßt alles tun . . .
Die Zoferl lachen. Gräfin Zichy:	. . . lachts doch net, der Satz ist doch noch net fertig. Ihr müßt alles tun, damit die Herren Staatssekretäre, Minister und Adjutanten möglichst wenig zum Arbeiten kommen, möglichst alles vergessen, verschludern, verschlampen, verschlafen, und recht viel erzählen. Und jetzt gehn mirs an.
Sie verläßt das Zimmer.	

Zurück in das Kabinett Metternichs, in das gerade die Gräfin Zichy eintritt.

Metternich:	Ah, da sind Sie ja, meine Liebe. Also, gehn mirs an. Morgen um zehn Uhr findet die erste Abstimmung statt. Um was es sich handelt, brauchen Sie nicht zu wissen . . .

Fürstin Auersperg
lacht.

Metternich: Warum lachen Sie, Gabriell?

Fürstin Auersperg: Um Venetien und die Lombardei gehts, lieber Clemens.

Metternich: Ich möcht nur wissen, wer da immer schwätzt. Von wem haben Sies, Madame?

Fürstin Auersperg: Vom Zaren. Gestern nacht.

Metternich fröhlich: Ausgezeichnet. Gut, daß ich das noch höre. Ich muß also umdisponieren, wenn Sie so gut mit dem Zaren stehen.
Zuerst hab ich gedacht, wir sollten unsere liebe Gräfin Zichy auf ihn ansetzen.

Gräfin Zichy
abwinkend: Naaa, dank schön!

Fürstin Auersperg: Ich würd auch lieber den König von Dänemark . . .

Metternich schüttelt
den Kopf: Falsch, ganz falsch, meine Liebe. Der König von Däne-

59

mark ist schon in Arbeit. Er hat einen sehr rustikalen, einfachen Geschmack entwickelt – ich nehm an, zu seiner Erholung. Ich hab das gleich berücksichtigt . . .

Intimes Zimmer im Quartier des Königs Friedrich VI. von Dänemark. Der König, 46 Jahre alt, blond, gemütlich, und ein Wiener Madl sind allein. Friedrich, in Uniform, aber in Strümpfen, sitzt auf einem Stuhl bei einem Glas Wein, auf seinen Knien reitet, ihm zugewandt, mit dem Rücken zur Kamera, mit gespreizten Beinen, eine Mizzi. Sie ist ein dralles, ganz einfaches Kind aus dem Volk, in der oberen Hälfte komplett angezogen, vom Haarschleifchen übers Halstuch bis zum Mieder, aber es fehlt der Rock. Statt dessen hat sie an den nackten Beinen die sporenbewaffneten Stiefel des Königs. Sie spricht stärksten Dialekt.

Mizzi:	Geeeh . . . saaag!
König von Dänemark:	Was denn, mein Kleines?
Mizzi:	Für wen du bist, Majestät?
König von Dänemark lacht:	Was weißt du denn von morgen?

60

Mizzi:	Ich weiß nur, daß der Zar an Plan hat, und daß unser Herr von Metternich an andern hat, und das is schaad, sehr schaad. Für wen bist du, Majestät?
König von Dänemark:	Staatsgeheimnis.
Mizzi:	Aber geh! Mir kannst es doch sagn, i bin doch die Königin von Dänemark!
König von Dänemark:	Also: Für den Zaren!
Mizzi:	Naaa! Naaa! Das derfst net! Das derfst mir net antun, ich bitt dich recht, recht schön für unser liabes Wean!
König von Dänemark seufzend:	Aber Mizzi, ich muß an Vorpommern denken!
Mizzi:	Vorpommern? Des kriegst doch eher von uns als wie vom Zaren, der wo mit die Preußen Muschimuschi macht!

König von
Dänemark, betroffen: Was für ein Gedanke, Mizzi!
Wenn du recht hättest!

Mizzi: Gell, du bist für Pommern und
Wien, gell?

König von
Dänemark: Aber wie werd ich dastehen?

Mizzi: Gar net! Du gehst einfach net
hin!

König von
Dänemark lacht: Ja – vielleicht! Nicht schlecht.

Mizzi, vergnügt: Mir verschlafn!

Wieder im Arbeitskabinett Metternichs, wo er in der
Lagebesprechung mit den drei Damen fortfährt.

Metternich: Ich hab das bei dem Dänen ein-
kalkuliert. Das Töchterl vom
Fiaker beim Bankier Arnstein
erledigt das. Sehr fesch, sehr
resch, sehr gescheit. Aber Sie
lenken mich ab, liebe Fürstin.
Der Zar – –

Fürstin Auersperg: Täuschen Sie sich nicht, Clemens! Das mit gestern nacht

62

	war eine Ausnahme. Der Zar hat in Wirklichkeit nur Augen für die Fürstin Bagratiòn.
Metternich lächelt:	Wem sagen Sie das, Kinderl? Aber ich prophezei Ihnen: noch heut abend wird er die wilde, schöne georgische Fürstin nichts als hassen.
Fürstin Auersperg, sprachlos:	Wie bitte?
Metternich:	Ich hab schon dafür gesorgt. Sie werden das Vergnügen haben, es gleich zu sehen, und dann treten Sie sofort in Aktion. Ziel: Der Zar darf morgen nicht zur Abstimmung erscheinen.
Fürstin Auersperg:	Und wie soll ich das machen?
Metternich:	Aber, Gabriell!
Fürstin Auersperg:	Ja, das sagen Sie so, Fürst! Der Mensch ist net umzubringen! Aber, bitt schön, fürs Vaterland!
Metternich zur dritten Dame:	Zwischen uns ist alles klar, gell?

	Sie beißen in unseren englischen Augapfel.
Die dritte Dame:	Ja, ja, ja. Aber wissen Sie eigentlich, cher cousin, daß der Lord stottert?
Metternich, scheinbar ernst:	Nicht am ganzen Körper. Nur, wenn er redet. Und das sollen Sie ja grad verhindern. Und jetzt kommen Sie, der Zar wird schon reif sein.

Die Erzherzog-Johann-Szene

Eine Hofkutsche von vier Schimmeln gezogen fährt durch schöne Straßen Wiens auf die Hofburg zu. Etwas zurückgedrängt Straßenlärm und Pferdegetrappel.

Stimme des Sprechers:	Einmal, da sind die Wiener direkt Kopf gstanden, in den zwanziger Jahren des vorigen Jahrhunderts. Ein Herzschlag habens fast kriegt, wie sichs herumgesprochen hat, daß sich

der Bruder vom Kaiser, der
Erzherzog Johann – stellen S'
Ihnen vor: ein reifer Mann, ein
Feldmarschall, ein Reichsver-
weser – stellen S' Ihnen vor! –
daß der sich in ein Madl aus
dem Volk verliebt hat. Anna
Plochl hat sie gheißen und ist
die Tochter von einem Postmei-
ster gwesen.
Es war keine Liebelei – es
war ernst. Ja, was heißt ernst:
Eine Naturkatastrophe wars,
gegen die man nix machen
kann.
Der Kaiser hat den Kopf
gschüttelt und „nnna" gsagt.
Einmal. Zweimal. Zehnmal.
Jahr um Jahr ist vergangen, sie
haben net voneinander gelassen. Eines Tages, im Jahr 27
wars, hat der Kaiser seinen
Bruder und das Annerl zu sich
befohlen.
Die Wiener – den Atem habens
angehalten.

Inzwischen ist die Kutsche in den Innenhof der Hof-
burg eingerollt. Johann (45 Jahre alt, in Zivil) und
Anna (etwa 30 Jahre alt, im dunklen, seidenen Steyr-
Dirndl) steigen aus und werden von Dienern und Ad-

jutanten empfangen und dann durch eine Korridor-
flucht zum Arbeitszimmer des Kaisers geführt. Der
Oberhofmeister begleitet die beiden zur Tür des Ar-
beitszimmers, öffnet die Flügel und meldet.

Oberhofmeister: Euer Majestät: Seine Kaiserliche Hoheit, Erzherzog Johann
und Mademoiselle Anna
Plochl.

Die beiden treten ein, der Hofmeister schließt von
außen die Tür. In dem großen, schönen Raum kommt
der alte Kaiser Franz II. (60jährig, langes, schmales
Gesicht mit Habsburger Unterlippe), in Uniform, hinter dem Schreibtisch herum und geht den beiden entgegen. Johann macht eine sehr offizielle tiefe Verbeu-
gung, Anna sinkt in den Hofknicks.

Kaiser Franz,
per Distanz: Grüß dich, Johann.

Johann: Grüß Sie Gott, Herr Bruder.

Kaiser, zur Plochl: Bitt schön, stehns S' auf, meine
Liebe.

dann, zum Bruder: Hast Herzklopfen, Johann?

Johann: Jetzt nimmer.

Kaiser: Und warum nimmer?

66

Johann:	Ich kann in Ihren Augen lesen, Herr Bruder.
Kaiser:	Gestern abend bin ich . . .
er unterbricht sich:	Sag, Johann, gestern auf d'Nacht, was hast *du* da gmacht?
Johann:	Ach – nix Standesgemäßes. Ich bin meiner Jagdhündin beim Werfen beigstanden, und die Anna hat Vanillekipferl backen.
Kaiser, nachdenklich:	. . . hat Vanille-Kipferl backen. Und beigstanden bist.
Er nickt in Gedanken. Dann:	Wieviel sinds worden?
Anna, lächelnd:	Zweiundvierzig, Majestät.
Kaiser:	Was? 42 Welpen?
Anna, heiter:	Kipferl, Majestät.
Kaiser, gütig:	Ihr seids ja ziemlich fröhlich.
Anna:	Sechs Welpen und zweiund-

67

	vierzig Kipferl, Natur und Kunst, gibts was Schöneres, Majestät?
Kaiser:	Nein. Wahrhaftig. Ich selber bin gestern auf d'Nacht in der Oper gewesen, ich hab mir den „Fidelio" von unserm Beethoven angehört. Und bis heut früh ist mir die Gschicht nicht aus dem Kopf gangen, die Gschicht von dem Gefangenen und dem Mädl Fidelio, das ihr Leben dransetzt, um bei ihm im Kerker zu sein.
Nach einer nachdenklichen Pause:	Ich hab dich auch viele Jahre in Ketten gelegt, Johann! Jetzt will ich dich befreien. Hiermit gebe ich euch den Heiratskonsens.
Johann, den Kaiser stürmisch umarmend:	Franzl! Ich dank dir unendlich! Das ist der glücklichste Tag meines Lebens.

Der Kaiser wendet sich Anna zu und küßt sie auf die

Wangen. Anna nimmt seine Hand und führt sie an die Lippen. Währenddessen setzt erst leise, dann anschwellend ein Orchester mit einem Walzer von Lanner ein. Dann nimmt Johann seine Anna in die Arme und beginnt vor Freude mit ihr sich im Walzer zu drehen, in weiten, schönen Schwüngen durch den ganzen Raum, während der Kaiser hinter den Schreibtisch flüchtet.

Bei einer Zigarre zu lesen...

Es gibt mehrere Möglichkeiten, ein Traktat über Zigarren zu beginnen. Man kann eine Anekdote erzählen; ich habe deren drei im Auge und könnte beispielsweise folgende wählen: In einer Audienz zündete sich der Papst eine Zigarre an und schob das Kistchen auch seinem Besucher, einem scharfzüngigen Kardinal, hin. „Danke, Eure Heiligkeit", bekam er zur Antwort, „ich habe dieses Laster nicht!" Der Papst sah ihn lächelnd an und erwiderte: „Mein Lieber, wäre es ein Laster – Sie hätten es." Diese Anekdote besäße verschiedene Vorzüge, sie liegen auf der Hand. Erstens ist sie geistreich. Zweitens macht sie die Gestalt des Papstes menschlich liebenswert; ein Papst, der sich in der Stille seiner Privatgemächer, unter einem Raffael sitzend, eine Zigarre anzündet, ist eine ungemein anheimelnde und versöhnliche Vorstellung. Drittens klärt die Anekdote die alte Frage, ob die Lust am Rauchen etwas Lasterhaftes sei. Ich weiß nicht, was Sigmund Freud dazu sagt, aber gesagt hat er dazu sicher etwas, und bestimmt etwas Negatives.

Eine ausgezeichnete Anekdote also. Man könnte mit ihr beginnen.

Man kann aber auch mit Winston Churchill beginnen. Churchill kennt jedermann. Von allem, was er je entzündet hat, ist seine Zigarre das populärste geworden.

Man kann aber auch, sofern einem die Karlspreis-Träger in summa verleidet sind, Bismarck an den Anfang stellen. Vor zwanzig Jahren wäre solch eine Einteilung verfehlt gewesen, heute läge sie gut.

Und schließlich kann man streng methodisch, etymologisch vorgehen, man kann gleich mit einer Probe seines Wissens beginnen, etwa so: Woher das Wort Zigarre kommt, ist unklar. Man kann aber auch etwas ganz anderes tun, und das habe ich getan: Ich habe mir soeben eine Zigarre angezündet.

So weit ich zurückdenken kann, haben drei Dinge auf mich immer einen unnachahmlichen Zauber ausgeübt. Das ist einmal der Blick aus dem Fenster eines Gutshauses zur Winterszeit, wenn es draußen schneit und durch das Haus der Duft von Braten zieht. Sicherlich kann man das poetischer und bedeutender ausdrücken; vor meinen Augen aber ist es nicht imposanter, sondern von genau dieser Einfachheit.

Sodann die Kleinstadt-Apotheken! Wenn man in einem ärmlichen Dorf oder in einem öden Städtchen ein einziges altes, malerisches, patrizisches Fachwerkhaus findet, so ist es mit Sicherheit die Apotheke, rosenbewachsen und mit drei Stufen vor der Tür. Dort brennt abends noch nach zehn Uhr Licht, dort hört man im Sommer aus dem Garten Stimmen, sieht den Schein von Windkerzen und riecht Erdbeerbowle, und sonntags spielt jemand Klavier und ein Cello brummt dazu.

Und schließlich das Bild, wie sich jemand über ein Kistchen duftender Zigarren beugt, eine auswählt, sie

am Ohr knistern läßt, sie anzündet, den Jungfernzug
tut und wohlgefällig das erste Spitzchen schneeweißer
Asche betrachtet. Sehr richtig hat schon der unüber-
treffliche Karl May erkannt, welche Ruhe, welche
wohlverdiente Behaglichkeit ein solches Bild aus-
strömt. Bei ihm gibt es keine Situation, weder im rau-
hen Land der Skipetaren beim schwarzen Schut noch
in den Prärien des Wilden Westens, wo er nicht in der
Satteltasche zwischen Munition, Ausweisen, Heftpfla-
ster, Nadel und Zwirn, doppelkohlensaurem Natron,
Fernrohr und Notizbuch rätselhafterweise immer
noch ein Etui mit ein paar köstlichen Zigarren hätte.
Ist dann der Grislybär erlegt, Winnetou befreit, der
Mübarek zerschmettert und Hadschi Halef Omar zum
Lobpreisen seines bescheidenen Sihdi in die Küche
zum Personal geschickt, dann ist der Augenblick ge-
kommen, wo sich der Leser wohlig zurücklehnt und
Karl May sich eine Zigarre anzündet.

Das ist die feinste Fermate, die eine Partitur haben
kann!

Der Erfinder dieses köstlichen Lebensritardandos
ist nicht Karl May, sondern das 19. Jahrhundert, dessen Kind er nur war. Die Zigarre ist die Création des
19. Jahrhunderts, einer Epoche, die ein ganz spezifi-
sches Organ für „Attribute" hatte. Wenn man mit der
Frau Gemahlin in Baden-Baden weilte, auf der Pro-
menade vor dem Musikpavillon saß und die Kurgäste
an sich vorbeidefilieren ließ, zog man eine Zigarre aus
dem Juchten-Etui, wie man eine Visitenkarte aus der
Brieftasche zieht. Diese Visitenkarte sagte, daß man
ein Mann von Welt war und daß es bestens um einen

stand. Man rauchte nicht, um das gewohnte Quantum Nikotin zu schlucken. Man rauchte, wie man einen Spazierstock trug, ohne lahm zu sein, und sich einen Homburg aufsetzte, ohne am Kopf zu frieren. Man hatte Formen; man hatte Attribute.

Oder wenn man morgens das Kontor betrat, sich hinter den Schreibtisch setzte und die Post aufzuschlitzen begann, so griff man in die Schublade, um sich eine Zigarre zu genehmigen. Man öffnete das Zedernholzkistchen und versank für einen Moment in Betrachtung des bunten Bildes, das den Deckel schmückte. Da war ein Indianer, der sich an einen Globus lehnte und Kauffahrteischiffen nachschaute, die über den Atlantik segelten; oder drei Señoritas standen, in lila und rosa Kleidern verschnürt, am Strand von Havanna und lächelten, während zu ihren Füßen Goldmedaillen herumlagen. Die exotische weite Welt kam ins Kontor und machte ihre Aufwartung. So war es gut und richtig. Commis voyageurs mochten die Welt in den Beinen haben, Gentlemen hatten sie in der Hand.

Wenn die Merowinger im Frühmittelalter ausschließlich den Angehörigen ihrer Familien erlaubten, sich das Haupthaar ungeschoren wachsen zu lassen, so hatte das keinerlei praktischen Wert, sie wollten damit nur diejenigen kennzeichnen, deren Haupt niemand zu berühren hatte; und wenn im Rokoko die Gesellschaft hohe gepuderte Perücken und Reifröcke trug, so wollte sie lediglich zum Ausdruck bringen, daß die Träger dieser Attribute zu jenen Menschen gehörten, deren Tagewerk das erlaubte, denn Fensterputzen und Holzhacken kann man bekanntlich mit einer Fregatte auf dem Haar nur schlecht. Ein Herr des 19. Jahrhunderts nun, der sich eine Zigarre anzündete, zeigte zweierlei: Daß er jetzt mindestens 30 bis 40 Minuten Zeit hatte und daß er eine Stellung bekleidete, die es unwahrscheinlich machte, daß er wegen eines weit höher gestellten Besuchers oder Vorgesetzten die Zigarre weglegen und ausgehen lassen mußte. Das tat man nämlich damals noch.

Was sagen Sie? Blödsinnig? Du lieber Himmel! Natürlich ist so etwas blödsinnig. Aber schön! Welche Formen, welche Spielregeln, meine Freunde! Welche Skala, welche Klaviatur, auf der gespielt wurde! Ich muß Ihnen dazu eine Begebenheit erzählen, die historisch ist:

1851 löste Bismarck den bisherigen preußischen Gesandten von Rochow beim Bundestag in Frankfurt ab. Als er zum erstenmal an einer Sitzung, einer Zusammenkunft der Militärkommissionen, teilnahm, machte er eine Feststellung, die wie zufällig aussah, die er jedoch sofort richtig deutete: Der einzige, der sich erlaubte zu rauchen, war der Gesandte des Kaisers, der österreichische Graf Thun. Für jeden von uns, der die damalige Situation kennt, ist klar, was jetzt passieren mußte und was auch prompt geschah. Bismarck zog eine Zigarre heraus und bat Graf Thun um Feuer. Er erhielt es. Österreich und Preußen rauchten. Die anderen waren total perplex; sie hielten diese Geste für so wichtig, daß sie darüber an ihre Regierung berichteten. Erst fast ein Jahr später, als das Schicksal des österreichischen Kaisers sich immer deutlicher abzuzeichnen begann, gab der bayerische König seinem Gesandten

77

die Erlaubnis, ebenfalls zu rauchen, noch später der König von Sachsen.

Das war in der Geschichte der Zigarre die höchste Sprosse, die sie als Attribut und Signum je erklettert hat. Ein Hauch davon ist ihr bis heute geblieben.

Vierhundert Jahre hat sie zu diesem Siegeslauf gebraucht. Das heißt – von Lauf kann eigentlich keine Rede sein, sie hat die meiste Zeit zusammengerollt, wie es nun einmal ihre Art ist, in einer Ecke der Weltgeschichte geschlafen. Wir kennen das Datum, an dem sie seinerzeit in die Geschichte des Abendlandes eintrat, so genau, wie wir es sonst eigentlich nur von Zivilisationsgütern wie dem Bandscheibenschaden, der Atombombe und Brigitte Bardot kennen. Bei Kulturgütern dagegen verliert sich der Anfang meist im Dunkel. So zum Beispiel beim Bier. Wir hatten schon einen Rausch, als Tacitus zum erstenmal nach Germanien kam. Oder zum Beispiel beim Striptease, der schon bei Markus 6 Vers 21/22 erwähnt wird.

Der Auftritt der Zigarre jedoch ist klar. Am 2. November 1492 schickte Christoph Columbus zwei seiner Leute, einen gewissen Torres und einen ebenso gewissen Xeres, los, das Innere des Landes zu erkundigen. Das Land, um das es sich handelte, war Amerika. Man war soeben in Guanahani gelandet.

In dem Bericht, den die beiden mitbrachten und den uns ihr Zeitgenosse Bischof Las Casas überliefert hat, heißt es: „Immer wieder stießen sie auf Eingeborene, Männer wie Frauen, die ein kleines glühendes Feuer mit sich trugen, das von wohlriechenden Blättern herrührte. Trockene Kräuter waren in ein breites, ebenfalls getrocknetes Blatt gewickelt, das Ganze sah aus wie unsere Kindermusketen. An dem einen Ende brannte die Glut, am anderen Ende sogen die Eingeborenen den Rauch ein, wie man etwas trinkt. Sie nennen diese kleinen Dinger tabacos."

Das war zunächst in den Augen der Spanier weiter nichts als ein Kuriosum. Es hätte eine „Nachricht" bleiben können wie die von den Nasenringen der Afrikaner oder dem Witwenverbrennen der Inder. Aber als Torres und Xeres eine indianische Zigarre probierten, merkten sie, daß das Gefühl, das sie dabei hatten, ein ausgesprochen angenehmes war; was man von den beiden anderen Sitten eben nicht behaupten kann. Es war angenehm, und vor allem ganz neuartig. Es vermittelte ein Empfinden, das keines der Genußmittel bot, die man bisher kannte, weder Essen noch Trinken noch – nun eben, noch irgend etwas anderes.

Bald entdeckte man, daß die Inselindianer nicht die einzigen waren, die das Rauchen kannten. Auf dem nordamerikanischen Festland sah man die Indianer Pfeife rauchen; Pizarro meldete aus Peru, daß man dort Tabakstaub schnupfte, und Cortez berichtete aus Mexico, daß die Priester Tabakkügelchen kauten, um sich in Trance zu versetzen. Diese letzte Bemerkung ist merkwürdig, und man hat eine Zeitlang vermutet, daß es sich um etwas anderes als Tabak gehandelt haben müsse. Aber wer einmal in Florenz die einheimischen „toscani" geraucht hat, der weiß, wessen der Tabak fähig ist. Nur die Hünen unter den dortigen Dorfpfarrern schaffen mehr als eine halbe. Nein, nein, daran ist kein Zweifel, die Montezuma-Priester priemten Kautabak. In allen Fällen war es die gleiche Pflanze; die Botanik nannte sie Nicotiana.

Die heimkehrenden Schiffe brachten die Tabakpflanze nach Spanien. Das kleine Kraut fiel in den Bergen von Souvenirs und Beutestücken natürlich gar nicht auf, und man hätte es wahrscheinlich gleich auf den Misthaufen geworfen, wenn sich daran nicht die seltsame Erzählung von den rauchenden Indianern geknüpft hätte. Dazu kam, daß einige Matrosen den verblüfften Spaniern dieses Schauspiel in den Straßen vorführten. Nach kurzer Zeit bereits war das Schicksal der Zigarre entschieden: man fand die Sache abscheulich.

Sie war auch sicherlich abscheulich.

Die Matrosen, die sowieso nirgends in der Welt mit Feinmechanikerfingern gesegnet sind, hatten sich die Kolben selbst gedreht, in schwacher Erinnerung an das, was sie gesehen hatten, und ohne im Besitz der Maisblätter zu sein, die die Indianer als Deckblätter benutzten. Ich stelle mir die Apparate, die die Matrosen durch die Straßen von Alicante trugen, als große Wickel vor, von denen rechts und links die Fetzen herunterhingen, und die nach jedem zweiten Zug mit einem kräftigen Dreh der Faust wieder in den richtigen Zusammenhalt gebracht werden mußten. Sicher brannten sie schief, zischten und knisterten, und ab und an wird eine kleine Flamme hochgeschlagen sein. „Der Rauch brannte im Schlund wie purer Pfeffer", heißt es einmal, und an einer anderen Stelle: „Sie waren von dem scharfen Qualme so voll, daß es manche

80

ohnmächtig umhaute." Es war klar: Die Sache kam den Nasenringen sehr nahe und war pöbelhaft und barer Unsinn.

Eine Generation lang fristete das Pflänzchen, das immer noch zusammen mit der Rauchrolle den provisorischen Namen Tabaco nach der Insel Tobago oder der mexikanischen Provinz Tabasco führte, in den Gärten einiger Blumenfreunde ein bescheidenes und unbeachtetes Dasein, bis sich eines Tages Jean Nicot (französischer Arzt und Gesandter am portugiesischen Hof, nach dem das Nikotin benannt ist) der Erzählungen über die stimulierenden Wirkungen des Tabaks, über das „ohnmächtig umhauen" und andere Beobachtungen erinnerte und sich überlegte, ob man den spärlichen Heilmitteln, die es damals gab, nicht ein neues hinzufügen könnte. Er probierte die grünen Blätter zunächst – was medizinisch sehr scharfsinnig war – gegen Hautkrankheiten aus und hatte überraschende Erfolge. Und als er seiner Königin, die ihn wegen ihrer beständigen Migräne konsultierte, auch noch das Schnupfen der zerstoßenen Blätter empfahl und sie sich tatsächlich gesundnieste, da gab es kein Halten mehr: Der Ruhm lag schief, aber er wuchs ins Phantastische. Bei Hofe schnupfte bald alles. Von Paris griff die Mode auf Spanien, Portugal, die Niederlande, Deutschland und schließlich Italien über. Man schnupfte vor dem Essen, nach dem Essen, morgens, abends, auf der Straße, in der Kirche, im Beichtstuhl. 1636 erließ der Papst eine Bulle, in der er den Schnupfern in der Kirche die Exkommunikation androhte.

Inzwischen rollte aber bereits eine zweite Woge

heran. Der Ozean hatte viel von seinem Schrecken eingebüßt, es waren nicht mehr zwei, drei Schiffe, die sich auf die große Reise wagten, sondern ganze Flottillen: Es waren nicht mehr dreißig Seeleute, die die schmauchenden Indianer leibhaftig zu Gesicht bekamen, sondern tausend. Nun blieb natürlich etwas hängen. Und da der Krautwickel für die Matrosenfäuste weiter ein zu kompliziertes Problem war, griffen sie zur Pfeife. Eine Pfeife schnitzte man sich einmal und hatte sie dann für immer.

Die ersten Bollwerke, die die Pfeife eroberte, waren England und die Niederlande. Der feine Mann rauchte die lange Tonpfeife; in den Kneifen und Katen herrschte der kurze Stummel. Adriaen Brouwer, Ostade, Teniers – die ganze Garde der holländischen und flämischen Genremaler, haben das neue Volksvergnügen auf ihren Bildern verewigt. Da sitzen sie, geradezu herausfordernd, in den Schenken am Tonnentisch, kloppen Karten, trinken, würfeln, schreien, lachen, hauen sich auf die Schenkel, greifen den Mägden in die Busen, und zwischen den Zähnen hängt die Stummelpfeife, oder zum mindesten steckt sie am Hutband oder baumelt aus einem Loch der Krempe. Der Mijnheer und der Sir sitzen inzwischen ebenso unter Dampf am Kamin, hauen sich nicht so unfein auf die Schenkel, sondern fein übers Ohr und zeigen der Welt, wie man eine Sache kultiviert.

Bis zur Französischen Revolution, also zum Ausgang des 18. Jahrhunderts, war das Duell zwischen Schnupftabak und Pfeife noch nicht entschieden. Friedrich der Große war noch ein passionierter

Schnupfer. Er tat sogar in seinen Morgenkaffee eine Prise. „Daß ist gut vor den Schlagfluß!"

Der Wettlauf zwischen Prise und Pfeife ist damals nicht entschieden worden, beide wurden geschlagen von der Zigarre, die plötzlich wie ein Phönix Auferstehung feierte.

Wie hatten wir sie verlassen? Als zerrupftes Etwas? Als Eliza Doolittle? Das war sie nicht mehr. Als My fair Lady trat sie zur Tür herein. Kam, sah und siegte.

Wo steht das Denkmal für Hans Heinrich Schlottmann, der 1788 in Hamburg die erste Zigarrenfabrik Deutschlands gründete? Wann hat man endlich die schwarzen Schifferstumpen nach jener famosen Fürstin Wittgenstein benannt, die sie als erste Frau zu rauchen wagte? Welcher Historiker gesteht, daß die Berliner, die in der 48er Revolution vor das Palais des Ministerpräsidenten zogen, auf die Frage, was sie eigentlich wollten, „Roochen dürfen!" schrien? Wo, wann, wer?

Nirgends. Niemals. Keiner.

Wer gedenkt noch jemals eine Sekunde lang der Märtyrer, ja, wer weiß überhaupt, daß der Tabak echte Märtyrer hatte, durch die die Idee des Rauchens in eine Reihe gestellt wird mit den exklusivsten Ideen, sozusagen den „oberen Zehntausend" unter den Umstürzlern?

Sultan Murad IV., der die Raucher mit einem durch nichts mehr zu entschuldigenden Haß verfolgte, ließ nach dem Brand von Konstantinopel mindestens 20 000 von ihnen hinrichten. Sie sollten den Brand verursacht haben. Durch eine Zigarre? Nie! Eine weggeworfene Zigarre geht aus. Durch eine Pfeife? Sie erlischt.

In Rußland ließ Zar Michael Romanow Tausenden die Nase abschneiden, in Persien schlitzte man ihnen die Ohren auf, „Mordbrenner und Tabaktrinker" wurden oft in einem Atem genannt. In der Schweiz gab es besondere Hochgerichte; den Zehn Geboten fügte man ein elftes hinzu: „Du sollst nicht rauchen." Tausende sind ausgepeitscht, Tausende ins Gefängnis geworfen worden.

Helden?

Keine Spur natürlich. Trottel, die nicht glaubten, daß „Vater" Staat bei einer Sache, die keinem Menschen weh tut, so teuflisch ernst machen würde.

Trottel. Aber man kann ja auch als Trottel ein Märtyrer werden.

Der gute Vater Staat! Endlich besann er sich, endlich wurde er doch noch einsichtig. Soll ich Ihnen sagen wann? Wann er immer einsichtig wird? Talleyrand hat die Antwort einem Frager gegeben: „Rauchen und Schnupfen sind zwei Untugenden, gegen die ich sofort einschreiten werde, wenn Sie mir statt dessen zwei Tugenden nennen, die der Staatskasse 120 Millionen Francs einbringen."

Es gab noch einen zweiten Grund, daß sich das Rauchen durchsetzte: die noble Art, wie man eine Zigarre genießt. Die Zigarre war es, die das Rauchen gesellschaftsfähig gemacht hat.

Die Zigarre hat das Smoking-Jackett geboren, und für die Zigarre, glaube ich, ist damals extra das „Her-

renzimmer" erfunden worden. Und das sage ich Ihnen,
meine verehrten Damen: Ehe Sie sich nicht entschlie-
ßen, wie die Fürstin Wittgenstein und George Sand
Zigarren zu rauchen, werden Sie es niemals erreichen,
irrtümlich für einen Mann gehalten zu werden. Da
nützen Hosen und das Ablegen des Bikini-Oberteils
gar nichts!

Solange eine Zigarre Sie noch umwirft, sind Sie das
schwache Geschlecht.

An dieser Stelle erlauben Sie mir, ein Geständnis zu
machen. Es betrifft das Umwerfen.

Mir ist dreimal im Leben von einer Zigarre schlecht
geworden. Einmal, als ich von einem Freund die Hälfte
eines Stumpens geschenkt bekam. Ich war noch zu
jung. Fünf Jahre. Dann einmal, als ich einen ganzen
toscano zu rauchen versuchte. Ich saß in Vicchio di
Rimaggio bei Don Ruggero im Pfarrgarten unter den
Glyzinien, es war Mittag, 32 Grad im Schatten, und
von den Ställen wogte der Geruch von fünfhundert
Hühnern herüber.

Und zum drittenmal wurde mir schlecht, als ich
eines Morgens einer momentanen Lust nachgab und
noch vor dem Frühstück eine Zigarre rauchte.

Ich wählte einen dünnen Zigarillo, und ich wählte
ihn möglichst hell, denn ich wollte vernünftig sein und
eine ganz „leichte" Zigarre haben.

Das ist lange her, ich verstand noch nicht viel von
Zigarren und irrte mich also fatal. Der Zigarillo war
schwer. Ich hätte, wenn ich schon nicht wußte, worum
es bei leicht und schwer geht, eine Zigarre nehmen

85

sollen, die ich kannte, und ich hätte sie halb rauchen sollen – der schönste Genuß übrigens, den man sich leisten kann.

Der Irrtum, daß dunkle Tabake schwer und helle leicht seien, ist weit verbreitet. Ein weitverbreiteter Irrtum auch bei der Beurteilung von Frauen. „Er raucht schwere Brasil" ist ein Satz, den man hundertmal hört und liest. In Wahrheit kann eine Brasil trotz ihrer Würzigkeit viel harmloser sein als eine Havanna. Die Farbe besagt nichts. Sie ist lediglich der Ton des dünnen Deckblattes. Schon das darunterliegende, dickere Umblatt sieht viel unfeiner aus. Und wer je eine Zigarre ganz aufgebrochen und sich die „Innereien" angesehen hat, ist als Laie sowieso zunächst perplex. Er hat sich die Zigarre als zwanzig sauber übereinandergerollte Blätter vorgestellt und findet statt dessen etwas, was er in der ersten Verblüffung „Abfall" nennt. Es ist viel dunkler, als es bei einer Blondine zu sein versprach, es ist grob und ein wirrer Haufen.

Die Tabakfachleute sagen mit Recht, daß unsere Erwartung töricht war; daß das alles wegen des Brandes, des Schnitts, der Entrippung und der Mischung so und nicht anders sein muß.

Nun gut. Ich will es glauben, obwohl ich mir nicht ausreden lasse, daß in dem Durcheinander im Bauch der Zigarre außer dem Duft und dem Nikotin auch noch die Verdienstspanne der Fabrik versteckt ist.

Nun möchte ich, da das ominöse Wort Nikotin gefallen ist, eines klipp und klar feststellen: Wir sprechen hier überhaupt von einer Sache, die sehr ernst ist. Es dreht sich um nicht mehr und nicht weniger als die Frage, ob Raucher zum Sterben verurteilt sind.

Es gibt eine Menge wissenschaftlicher Untersuchungen dazu und eine ebensolche Menge von Mutmaßungen und Meinungen. Richtig ist zweifelsohne zunächst einmal die generelle Antwort: Ja.

Es schreckt mich nicht. Ich halte mich da an die abschwächende Erklärung des Dichters Karl Streckfuß, der als Dichter vielleicht leichtfertig, als preußischer Staatsrat aber sicher todernst gewesen ist. Er hat einmal gesagt: „Der Tabak ist ein langsam tötendes Gift. Mein Großvater frönte dem Laster des Rauchens in so starkem Maße, daß er mit 87 Jahren starb, und auch ich fühle schon jetzt mit 66 Jahren die Wirkung. Ich bin durchaus nicht mehr so kräftig und frisch wie vor vierzig Jahren."

Wenn Sie wissen möchten, was mir den Mut verleiht, mit solchen Clownerien ein so ernstes Thema zu bagatellisieren, so muß ich Sie bitten, mich nicht mißzuverstehen. Ich bagatellisiere es nicht, ich ignoriere es.

Ich ignoriere es so, wie ich mich weigere zur Kenntnis zu nehmen, daß Enthaltsamkeit in der Liebe gesünder sei. Ich fahre Auto, obwohl ich die Statistiken kenne, ich gehe nachts durch dunkle Parks, ich reite, ich gehe nie vor Mitternacht schlafen, ich achte nicht auf Bananenschalen, ich lebe als Preuße in Bayern, ich bin ein deutscher Schriftsteller – verstehen Sie, ich will mit all dem sagen: ich weiß um die Gefahren des Lebens, aber ich weigere mich, meine Lebensrechnung auch noch bis auf die fünfte Stelle hinter dem Komma auszurechnen. Ich bin bereit, abzurunden.

1918 kam für die Zigarre die große Wende. Deutschland, Österreich-Ungarn, die Türkei und die Zigarre verloren den Weltkrieg. Die ersten drei wurden von ihrer eigenen Unvernunft geschlagen, die Zigarre war schuldlos.

Natürlich ging sie in den schlimmen Kriegsjahren schon auf Papiersohlen wie wir alle. Das mag dazu beigetragen haben, die Distanz zur Zigarette zu verkleinern und die Erinnerung an die alte noble Zigarre über vier Jahre verblassen zu lassen.

Aber der Hauptgrund für den Siegeszug der Zigarette war ein anderer: Die Menschen hatten sich gewandelt. Man ging hin, schnitt die Röcke ab, bekam schmale Hüften und Bewußtseinsspaltung, den Charleston, den Lippenstift und das Stummfilmkino. Damen fuhren Autos, Herren hatten Freundinnen, man war „irrsinnig" modern; weg mit dem ganzen 19. Jahrhundert, mit der „komischen" Pferdedroschke, den „komischen" Häusern, den „komischen" Möbeln, den „komischen" Anschauungen, den Zimmerpalmen, den goldenen Uhrketten, den Spitzbäuchen, den Schnurrbärten. In diesen Sack warf man im ersten Rausche auch die Zigarre, das Sinnbild der Distinktion und Saturiertheit des alten Jahrhunderts. Das neue Symbol war die Zigarette. Die rauchten die Sieger, die rauchte auch das Land der unbegrenzten Möglichkeiten. Anzünden, Zug, abklopfen, Zug, abklopfen, ausdrücken.

Erst Jahre später dämmerte uns, wie schön in Wahrheit trotz aller Unzulänglichkeiten vieles gewesen war, was wir für so komisch angesehen hatten. Wir hatten die zwanziger Jahre für aufregend gehalten – aufregend war das 19. Jahrhundert; wir waren nur aufgeregt gewesen. Es kam die Renaissance. Auf einmal galt es wieder als chic, als distinguiert, Zigarre zu rauchen, und je erlesener sie war, desto betonter gab sie sich altmodisch. Da waren sie wieder, die Zedernholzkästchen und die bunten Deckelbildchen mit rauchenden Indianern und lila Damen. Und da waren sie wieder, die Herren mit der Havanna und der Brasil, im Konferenzzimmer, im Raucherabteil, am Volant, auf der Clubterrasse, auf der Abendgesellschaft.

Tempora mutantur, wie wir Lateiner zu sagen pflegen, wenn uns nichts eigenes einfällt. „Die Zeiten ändern sich." Ein schöner Spruch, schön und tröstlich.

Wie Sie merken, geht dies Traktat dem Ende zu – ich werde philosophisch. Das ist nicht nur ein sicheres Zeichen, sondern auch ein Grund, nervös zu werden, denn die Philosophie ist von allen Gesprächsthemen dasjenige, das die meisten Fremdwörter hat.

Auch Zigarre ist übrigens ein Fremdwort. Man hat einmal, zu Zeiten des Turnvaters Jahn, versucht, der Zigarre eine ganz neue Bezeichnung zu geben. Man kam auf das abscheuliche Wort „Glimmstengel".

Freunde! Glimmstengel! Und das meinte man bitterernst! „Die Puristen wollen den Cigarro jetzt Glimmstengel benannt haben", schrieb E. T. A. Hoffmann in der „Brautwahl" mit einem Schrei der Empörung.

Das kann nur ein Nichtraucher erfunden haben! Nein, lieber soll die Zigarre fortan nach dem Gott des Rauches Tezcatlipoca heißen, und ich bin bereit, den Namen bis zu sechsmal täglich auszusprechen.

Denn es mag angehen, eine Zigarette „Rettchen"
und ich weiß nicht wie zu nennen, weil sie eben ihrem
Wesen nach ein „-chen" ist; niemals jedoch eine Zigarre. Die gehört in eine ganz andere Wortgruppe, ihr
haftet etwas Heraldisches an. Ein kleines Wappen ist
ein kleines Wappen und kein Wäppchen; ein kleiner
Mann ist ein kleiner Mann und kein Männchen. Eine
kleine Zigarre ist eine kleine Zigarre. Niemals gleicht
sie dem Männchen, immer dem Mann.

Es braust ein Ruf wie Donnerhall

Die Canossa-Szene
aus dem Film-Drehbuch

Um 1077. In einer Wohnstube. Sehr einfach, aber
ziemlich groß. Ein Dutzend Männer und Frauen sitzen
um einen Tisch bei einem Mahl ähnlich der Breughel-
schen Bauernhochzeit. Bierhumpen vor jedem, ferner
Holzschüsseln, Holzlöffeln und das eigene Fangmes-
ser. Im Hintergrund stehen gaffend neun Kinder wie
die Orgelpfeifen, alle blond, Steckenpferd, Holzpuppe,
ein Stück Brot, einen Apfel in Händen. In einer Ecke
Feuerstelle mit Kesseln.

1. Gast: Laß es schneien, Trine!

Die Hausfrau Trine,
vom Fenster an den
Tisch zurück-
kehrend: Es schneit und schneit. Die armen Menschen, die jetzt unter-
wegs sind!

1. Gast: Nur Spitzbuben sind jetzt un-
terwegs.

2. Gast: Und die Krämer.

1. Gast:	Ich sagte ja Spitzbuben.
3. Gast:	Und der König.
4. Gast:	Der friert nicht.
3. Gast:	Wenn er draußen ist, friert auch ein König.
1. Gast:	Jawohl!
4. Gast:	Wieso: jawohl?
3. Gast:	Hast du denn nicht gehört, daß der König mit einem großen Heer unterwegs nach –
1. Frau, laut:	Aaah, ist der Kohlbrei gut! Herrlich! Trine, du mußt mir dein Rezept verraten!
5. Gast vollendet den Satz:	– Um sich vom Papst zum Kaiser krönen zu lassen?
3. Gast:	Genau!
Hausfrau Trine:	Kohl, Frieda, Kohl!
1. Frau:	Gott! Trine! Natürlich Kohl. Und?

Hausfrau:	Jaaa, auf dieses „Und" kommt es an!
3. Gast:	Und, um dem Papst mal die Flügel zu stutzen, wie es sein Vater getan hat, als er auf der Synode zu Sutri drei freche Päpste hintereinander absetzte.
Hausfrau, eifrig:	Schau, Frieda!

Sie hat aus dem
Schrank ein kleines
irdenes Gefäß geholt
und öffnet es.

2. Frau:	Was, du hast Salz? Hörst du, Karl, sie haben Salz!
1. Frau:	Laß sehen, Trine! Darf ich mal? Nur ein Körnchen! Himmlisch. Himmlisch. Und kostet?

Die Hausfrau
flüstert ihr ins Ohr.

1. Frau, imponiert:	Legehühner, oder?

Die Hausfrau nickt.

Der Hausherr:	Sags ruhig laut, Trine! Wir tun nichts Unrechtes, wenn wir mal über die Stränge schlagen. Wir leben nicht mehr wie zur Zeit des seligen Kaiser Otto. Wir leben in einer modernen Zeit! In einem festgemauerten Reich! Dieses Essen heute, war das ein Essen? 1. Gang: Milchsuppe. Mit Brot. 2. Gang: Rübenmus. 3. Gang: Kohl mit Salz! 4. Gang – hoffentlich kann ich so weit zählen –
er lacht	4. Gang Schlei, was sag ich: Zwei Schleie! 5. Gang: Ein Apfel. Ein pausbäckiger, roter Apfel!
(Kamera geht auf die Kinder zu, alle in sauberen, aber sehr einfachen Kitteln, ohne Hosen, barfuß.)	Neun Kinder hab ich. Schaut euch an, wie sie angezogen sind! Piekfein! Nein, nein, es geht uns schon gut!
4. Gast	Aber wir arbeiten, daß die Schwarte knackt!
Alle lachen. Hausherr:	Ausgerechnet du! Als Torwa-

96

che! Als Beamter! Schau nur:
Der Konrad lacht so, daß er
sich gleich in die Ohren beißt.

In diesem Augenblick geht die Tür auf und ein hoch-
gewachsener, weißhaariger Mann tritt ein, tief be-
schneit, in dicken Schafspelz gehüllt, Zaumzeug und
Sattel noch über dem Arm.

Der Hausherr,
aufspringend: Was??? Vater!! Schon zurück?

Alle erheben sich. Der Alte legt Sattel und Zaum an die
Wand. Das erste Wort, das er spricht, ist keine Begrü-
ßung, sondern mit erstarrtem Gesicht und wie in
Trance sagt er:

                       Ich hab den König gesehen . . .

3. Gast, lebhaft: Hab ichs nicht gesagt? Hab ichs
                      nicht gesagt? Der König reitet
                      mit den Herzögen –

Er bricht ab. Der Alte schüttelt langsam den Kopf,
während er zu weinen beginnt.

Steilhang in den verschneiten Alpen. Ohne Weg und
Steg. 5 Personen: Heinrich IV., dick vermummt in
kostbarem Pelz, Königin Bertha, ebenfalls in kostbarem Pelz, den sie fest mit Gurten verschnürt hat, zwei
Adlige und ein Bediensteter im Schafspelz. Der jüngere

Adlige und der Bedienstete haben auf den Rücken
Proviantsäcke geschnürt. Die beiden Höflinge ziehen
den König steil aufwärts.

Der eine, ein Graf: Könnt Ihr noch, Herr König?

Heinrich IV.,
stöhnend: Zieh! Mehr! Ach, was für ein
    Los! Hab ich das verdient?

Heinrich setzt sich
erschöpft in den
Schnee.
Zum jüngeren
Freiherrn: Hilf der Königin!

Der Graf bleibt bei ihm, der Freiherr legt den Sack ab
und klettert zurück, um den Bediensteten zu helfen, die
Königin heraufzuziehen. Sie erreichen mit ihr die
Plattform.

Heinrich: Daß du immer noch kannst,
    Bertha!

Bertha lächelt müde.
Heinrich: Nicht einmal von einer Burg
    zur andern bringt man mich.
    Nicht einmal bis hierher hat
    mich dein Vetter begleitet!

Bertha:	Versteh doch, Heinrich! Es darf nicht bekannt werden, daß er zu dir hält.
Heinrich:	Warum nicht?
Bertha:	Sie brennen ihm die Burg nieder. Du bist im päpstlichen Bann.
Graf:	Wenn wir den Paß hinter uns haben, bekommen wir auch wieder Pferde.
Heinrich:	Ach Gott, ja, ja!
In einem Atem zum Freiherrn:	Kann ich noch ein bißchen Brot haben?
Freiherr zum Bediensteten:	Ekkehard!
Bediensteter:	Ja, Herr Graf?
Freiherr:	Haben wir noch?
Bediensteter:	Hirsefladen.
Heinrich, nörgelnd:	Warum hat uns denn dein Vetter nicht mehr Brot mitgegeben?

Niemand antwortet.

Heinrich:
Nein, Hirse mag ich nicht. Kein Brot. Kein Haus. Kein Bett. Keinen Tisch. Hirsefladen! Wenn das mein seliger Vater im Himmel hört! Vom Papst gebannt! Ich habe alles falsch gemacht.

Bertha:
Laß, quäl dich nicht.

Heinrich:
Ich quäl mich aber. Äpfel? Haben wir denn auch keinen Apfel mitbekommen?

Freiherr schüttelt den Kopf. Heinrich:
Dieser verfluchte Papst. Jetzt hat ers geschafft. Alle hat er mir abspenstig gemacht. Gebohrt und gebohrt! Wie hat er denn das bloß gemacht? Ja, ja, ich weiß schon: Versprechungen! Die deutsche Mißgunst geschürt, die Zwietracht, das Strebertum. Wen will er denn zu seinem gefügigen Werkzeug machen? Wer soll denn König werden?

Der Graf:
Unsinn. Niemand.

Heinrich:	Das sagst du. Ich weiß schon. Aber ich habe mich aufgerafft und werde es durchhalten. Ich geh zu diesem sogenannten Papst, ich mache meinen Fußfall, und er muß den Bann von mir nehmen! Oder? Oder?
Bertha:	Natürlich, Heinrich.
Heinrich:	Ach, was weißt du!
Zum Grafen:	Muß er?
Der Graf nickt. Heinrich:	Ja, er muß. Seine kanonische Pflicht, nicht wahr?
Er lacht:	Der wird eine Sauwut haben! Das erwartet er nicht. Ich muß ihn nur irgendwo erwischen, bevor er nach Deutschland kommt. Dann gilt wieder der Eid. Und dann hab ich wieder Handlungsfreiheit. Dieses weltliche, ehrgeizige Aas! Reich zerstören, Herrschaft an sich reißen, Kirchendiktatur, Kniefall, Arschlecken jede Kutte, Deutschland teilen, Zwietracht säen, Not schaffen.

> Also schön, dann eß ich eben
> Hirsefladen, ich hab solchen
> Hunger.

Der Bedienstete packt aus und reicht allen kleine Fladen herum. Sie essen. Bertha ißt nicht.

Heinrich, kauend: Ich glaub, ich hab mir die
Zähne erfroren. Na ja. Ißt du
denn nicht, Bertha?

Bertha schüttelt den Kopf. Heinrich nimmt ihren Fladen.

Heinrich: Ist das schon der Géminus-Paß?

Der Graf: Ja. Mont Cenis.

Heinrich: Sprich nicht französisch. Dann
kommen wir doch bald zum Be-
nediktiner-Hospiz?

Der Graf: Wir dürfen uns da nicht blicken
lassen.

Heinrich: Ich darf mich nicht blicken lassen! Man lauert dem König auf!
Ach, du lieber Gott! Hast du dir
nichts erfroren, Bertha?

Bertha: Aber nein.

102

Heinrich:	Daß du so viel aushältst! Wer hätte das gedacht.
Bertha, ironisch bitter:	Ja, wer hätte das alles gedacht, nicht?
Der Bedienstete:	Wir müssen weiter, Herr.
Heinrich, ohne Schärfe:	Sag ruhig „Herr König". Ich bleibs, verlaß dich drauf.
Der Bedienstete:	Ja, Herr König. Aber weiter müssen wir trotzdem.

Sie brechen auf. Sie kraxeln wieder. Der König, unterstützt von den beiden Adligen, voran.

Heinrich:	Mein Gott, wenn mich die Herzöge so sehen würden! Diese Abtrünnigen! Keiner hat gehorcht, keiner ist zum Heerbann erschienen. „Der König rief, und alle, alle kamen." Wo hab ich das bloß gelesen?

Er schweigt endlich. In einiger Entfernung steigt die Königin auf allen vieren den verschneiten Hang hinan. Hinter ihr der Bedienstete, der sie mit beiden Händen an ihrem Hintern hochschiebt.

An einem Januartag des Jahres 1077 erwischte Heinrich IV. den Papst Gregor VII., der schon auf dem Wege nach Deutschland war, südlich von Parma in Canossa, einer Burg der Markgräfin Mathilde.
Reiches Zimmer auf Canossa. Abend. Fackel- und Talgpfannen-Beleuchtung. Draußen Mondschein. Schnee-Reste auf dem Vorfeld. Gregor VII., klein, in der Schulter verzogen wirkend, sehr häßliches, braunes Gesicht, einfache Reisekleidung in Weiß, geht auf und ab und diktiert dem Mönchs-Schreiber.

Papst: Hast du?

Mönch: Ja, Eure Heiligkeit.

Papst: Ich wills wörtlich haben – es ist für die Ewigkeit.

Mönch: Ich habe es Wort für Wort, Eure Heiligkeit.

Papst beugt sich über
das Geschriebene: Schreib weiter!
Achtens: Der Papst allein darf kaiserliche Abzeichen tragen.
Neuntens: Nur des Papstes Füße haben alle Fürsten zu küssen.
Hast du?

Mönch: Ich habe.

Papst:	Weiter! Er darf Kaiser absetzen. Er selbst darf von niemandem gerichtet werden. Nächste Ziffer. Schreib deutlich!
Mönch:	Könnte Eure Heiligkeit etwas langsamer diktieren?
Papst, langsam:	Die Römische Kirche hat niemals geirrt und wird auch in alle Ewigkeit nie irren.

Der Mönch sieht im Schreiben auf und entdeckt, daß die Markgräfin Mathilde eingetreten ist. Er erhebt sich.

Mönch:	Die Frau Markgräfin, Eure Heiligkeit.
Papst:	Geh.

Der Mönch eiligst ab.

Mathilde, erregt:	Er ist da!

In einem armseligen Hörigen-Haus vor den Toren der Burg, zur gleichen Zeit, Nacht. Heinrichs Bediensteter jagt das verschüchterte Hörigenpaar aus der Stube. Heinrich macht sich fertig für den Gang nach Canossa.

Heinrich:	Wo ist das Hemd?
Bertha:	Aber ich bitte dich, Heinrich! Du wirst dir den Tod holen, so bloß im Büßerhemd!
Heinrich erstaunt:	Wieso? Wieso bloß im Büßerhemd?
Zum Grafen:	Soll ich denn nichts drunter haben? In dieser Kälte?
Ehe der Graf antworten kann, der Bedienstete:	Na klar. So, wie Ihr seid, Herr König, einfach den Sack drüber. Soll er ihn doch hochheben und nachschauen!
Bertha, schockiert:	Ekkehard!
Der Graf lacht. Heinrich, wütend:	Vollkommen richtig! Soll er doch nachgucken, der Nachfolger Petri.

Heinrich macht sich fertig, sie verlassen die Hütte.

Im Zimmer der Burg. Nacht. Der Papst drückt sich seitlich ans Fenster, um heimlich hinabzuschauen.

106

Papst:	Da steht er! Gott wollte es. Vor allem aber wollte ich es!
Mathilde:	Soll ich ihn hereinlassen?
Papst:	Wahnsinn!
Mathilde:	Gott hat befohlen, zu verzeihen, Heiliger Vater!
Papst:	Aber er hat nicht gesagt, wann. Laßt diesem Herrn Heinrich ausrichten, Frau Mathilde, daß wir ihn in der dritten Nacht erlösen werden. Teilt ihm die genaue Zeremonie mit. Schade, schade; diese Deutschen haben sieben Leben, wie die Katzen.

Nacht. Ohne Mond. Es schneit. Vor dem Burgtor. Neben Heinrich der Graf mit Fackel.

Der Graf:	Jetzt kommen sie und öffnen.
Heinrich:	Dieser Satan hat mich doch tatsächlich drei Nächte warten lassen.
Der Graf:	Wißt Ihr auch genau, was Ihr zu tun . . .

Heinrich: Ja, ja. Nur rasch.

Die Tore öffnen sich. Heinrich stürmt los, allein die
Kette der Fackelträger entlang, die über den Hof und
die Freitreppe verteilt sind.
Im Zimmer der Burg wartet der Papst. Man hat vor
drapierten Teppichen und einem großen Wandkruzifix
einen Sessel mit Purpurkissen aufgestellt, in dem der
Papst hockt. Mathilde und einige Mönche und höhere
Geistliche im Hintergrund.
Die Tür geht auf. Heinrich tritt ein, orientiert sich
rasch, geht dann im Geschwindschritt auf den Papst zu
und wirft sich vor ihm mit weit ausgebreiteten Armen
platt auf die Erde.

Wir blasen zum Sammeln

Als der Erzengel Michael die ersten Menschen aus dem Paradies trieb und die Pforte hinter ihnen schloß, winkte er, gutmütig wie Engel sind, Adam noch einmal heran und sagte: „Du mußt dir nun selbst ein Paradies erschaffen. Ich rate dir, sammle Briefmarken oder Tabakdosen."

Seitdem sind viele Jahre vergangen, die Erde wurde ein Jammertal, der Mensch arbeitete und schwitzte (beides hatte er zuvor nie getan), er erfand das Schießpulver, das Radio, die Filterzigarette und die Atombombe, er wurde immer klüger und immer unglücklicher, und je weiter die Zeit „fortschritt", desto kleiner wurde die Zahl derjenigen Menschen, die vom Großvater und Vater hinter der hohlen Hand noch das Geheimrezept des Erzengels weitergereicht bekamen. Heute ist dieses stille Paradies des Sammelns weniger bevölkert als ein mittleres Kino, wenn Romy Schneider spielt. Ich will Ihnen auch sagen, warum: Weil die meisten Menschen nicht mehr still lieben können, sie lassen sich lieber Liebe laut vorführen.

Der Sammler aber ist ein Mann, der lieben kann. Das macht ihn selbst wieder liebenswert. Nun muß ich Sie, meine Herren Leser, aber sofort vor einem grundsätzlichen Irrtum warnen, da das Wort „lieben" gefallen ist: Frauen zu sammeln, rechnet man gemeinhin nicht zur reinen Sammeltätigkeit. Es wäre überdies die teuerste Sammelleidenschaft. Das Glück des Sammelns dagegen soll nicht vom Reichtum abhängen. Das ist schäbig. Kaurimuscheln als Insulaner zu sammeln, für den sie bares Geld sind, ist schofel. Aber Kaurimuscheln als Dortmunder zu sammeln, das ist etwas Königliches. Als Rüstungsmillionär Rembrandts aufzukaufen, ist kein Glücksgefühl, sondern ein Geldtransfer. Aber als Buchhalter oder Werkzeugmacher dreitausend Ansichtskarten von Kap Horn bis Grönland, von Samarkand bis Liverpool zu sammeln, abends unter der Leselampe die Mappen zu ordnen, über die Kästchen zu streicheln, Usambara einen Augenblick hochzuziehen oder mit Freunden eine doppelte „Corso Vittorio Emanuele" gegen eine „Hafen von La Spezia" zu tauschen, – das ist etwas Wundervolles. Und es ist wundervoll, auf dem Atlas mit dem Finger die Reise zurückzumachen, die das bunte Blättchen Papier früher einmal unternommen hat.

Sammeln ist nicht etwa ein „Ersatzglück", Gott behüte! Denn es spricht zwei der stärksten menschlichen Triebe an: den Besitzinstinkt und den Jagdinstinkt. Ich sage Ihnen, einem dreißigpfündigen Hecht nachzujagen ist ein feuchter Kehricht gegen den Zustand, in dem sich ein Porzellansammler befindet, der in den Abendstunden und auf der Urlaubsreise in fremden Städtchen in Trödlerläden der Meißner Schwertmarke „mit der Goldziffer 2" nachjagt. Er kann sie auf einer großen Porzellanauktion kaufen – natürlich. Alles ist käuflich. Aber für 4 Mark 75 nicht. Für 4 Mark 75 aber muß sie her! Das erst erzeugt das herrliche Gefühl, ein Sammler und kein Einkäufer zu sein. Das erst gibt das zusätzliche schöne Bewußtsein, für 4 Mark 75 einen Börsenwert von 250 Mark zu besitzen.

Der Porzellansammler hat – etwa im Gegensatz zum Waffensammler – sofort einen gewaltigen Verbündeten: seine Frau. Er ist in weitgehendem Maße aller Finanzkämpfe überhoben. Stillschweigend über dem abendlichen, verzückten Betrachten eines Rahmkrügleins aus dem 18. Jahrhundert wird beschlossen, in der nächsten Zeit jeden Montag und Donnerstag irish stew, auf gut deutsch Weißkohl mit Hammelfleisch, zu essen statt Kalbsschnitzel.

Sehen Sie, das ist Glück! Ich meine es nicht ironisch. Dies ist wirklich ein Glücksgefühl, das keine Bierreise, kein Kino, kein Tanzabend ersetzen kann.

Zu dem Besitz- und Jagdinstinkt kommt alsbald die Wißbegierde. Ich kenne einen Sammler von alten Geldbörsen und antiken Sparbüchsen, der in der Schule viermal sitzengeblieben und von einer geradezu märchenhaften Faulheit ist. Aber auf dem Gebiet des alten Münzwesens ist sein Interesse unerschöpflich. Er hat im Laufe von zehn Jahren eine ganze Bibliothek von historischen Werken zusammengetragen, und ihm zuzuhören, wenn er bei einem Winterpunsch von alten Louisdors, Kreutzern, Thalern und Batzen erzählt, vom Leben und Treiben im alten Nürnberg, Wien, Venedig, das ist ein Vergnügen. Ich habe ihn einmal gefragt, warum er Sparbüchsen und nicht Münzen selbst sammelt. Er antwortete: ,,Ich habe eine Scheu davor, weil es so ins Uferlose geht. Ich will glücklich sein mit einem kleinen Gebiet. Allerdings könnte ich mich bei den Münzen auf eine bestimmte Zeit oder eine

113

Stadt beschränken, so wie die Briefmarkensammler etwa nur Südafrika oder nur deutsches 19. Jahrhundert sammeln. Nun ja – vielleicht später, wenn ich alt bin." Ich schenkte ihm zu seinem Geburtstag ein Zehndrachmenstück, Athen, 300 vor Christus. Seitdem kämpft er.

Man kann alles sammeln und wird feststellen, daß man in keinem Falle allein dasteht. Es gibt Leute, die sammeln Streichholzschachteln mit Reklameaufdrucken aus aller Welt, oder Stadtpläne oder Prospekte über Badeorte, oder alle Darstellungen von Flugzeugen, Luftballons, Fahrrädern vom Laufrad angefangen, Lokomotiven und Autos, oder Hinter-Glas-Bilder, oder alte Bücher, oder Stiche von Fischen und Vögeln. Es gibt sogar Leute, die sammeln lebende Fischchen und lebendige Vögel (das sollte man aber nicht!), und zumindest was die Freude anlangt, die sie an ihren Tieren haben, gehören sie mit zu den Sammlern. Im vorigen Jahrhundert haben z. B. die Schuster gern Finken gesammelt und hatten oft 10 bis 15 Käfige in ihren Schusterstuben, und wenn jemand einen Finken hatte, der besonders schön sang („Tambacher Doppelschlag" oder ein „Schüttelzwetschger"!), dann sprach sich das unter den Schustern herum, wie es sich unter den Bildersammlern herumspricht, wenn einer einen Rembrandt entdeckt hat.

Natürlich gibt es Bücher über alle Sammelgebiete, und der Mann mit dem echten Sammlerherzen hat sie bald. Und schon manche Sammlung, die ganz unscheinbar und bescheiden angefangen hatte, wurde später zu einem populären Buch.

Eine der schönsten Sammlungen, die ich je gesehen habe, waren Porträtfotos aus den Anfangszeiten der Fotografie. Es war eine faszinierende Galerie von Köpfen, so ausdrucksstark und trotz ihrer Unbeholfenheit so rührend in ihrer oft unfreiwilligen Komik, so voller Atmosphäre der Jahre 1880 bis 1900, wie wir das heute nur bei den allergrößten Fotografen sehen. Die Sammlung erschien in Paris als teurer, sehr gesuchter Bildband.

Erlauben Sie nun, daß ich diesen kleinen Essay beende. Ich muß zu Ruef in die Gabelsberger Straße, dort soll ein Dutzend barocker Schlüssel für 135 Mark zu haben sein, ich kann's fast nicht glauben. Ich sammle nämlich alte Schlüssel.

Zum ersten, zum zweiten, zum dritten!

Die Erfindung der Kunstauktion ist nicht neu. Es gibt eine ganze Reihe von berühmten alten Gemälden, über deren früheste Zeit wir überhaupt nur etwas wissen, weil die Bilder auf einer Auktionsliste des 17. Jahrhunderts erscheinen und genau beschrieben sind. Damals war der Anlaß meistens ein trauriger: Jemand war gestorben, und die Erben versteigerten alles, oder jemand stand vor dem Ruin und wurde zwangsversteigert – wie 1657 Rembrandt. Heute sind die turnusmäßigen Auktionen (die sogenannten freiwilligen Versteigerungen) eine feste Einrichtung, sie sind die „Börsen" der Kunst geworden, und wer sie noch nicht miterlebt hat, hat mehr versäumt als einen Opernabend mit der Callas. Kunstliebhaber, die zum erstenmal eine Versteigerung besuchen, sollte man auf alle Fälle zunächst einmal wie Odysseus an einen Mast binden und ihnen die Ohren mit Wachs verstopfen. Besser noch den Mund. Es gibt drei Sorten von Auktionen. Große, mittlere und kleinere, natürlich, aber das meinte ich nicht. Ich meinte folgende drei Arten: Faszinierende, amüsante und (wie der Fachmann zu sagen pflegt) „Beerdigungen 1. Klasse". Ich führe Ihnen zuerst einmal die „Beerdigung 1. Klasse" vor:

Auktionator: „Meine Damen und Herren, wir beginnen mit der Auktion, die Bedingungen sind am Eingang ausgehängt. Nummer 1 des Katalogs, ein

119

Bild, van Goyen zugeschrieben, mit Rahmen, 3000 Mark. 3100-3200-3300 – niemand mehr? Zum ersten, zum zweiten, zum dritten. Für den Herrn in Reihe zehn. Ich sehe eine Zigarette: Rauchen ist polizeilich verboten, bitte. Nummer 2 des Katalogs: Ein Blumenstück, 17. Jahrhundert, niederländisch, ohne Rahmen, 8000 Mark. Niemand? Also Nr. 3 des Katalogs . . ."

Verstehen Sie? Hier spätestens müßte eine junge attraktive Dame mit warmen Würstchen herumgehen. Aber sie geht natürlich nicht herum, sondern an ihrer Stelle das Sandmännchen. Der ganze Saal ist schläfrig still, jeder wartet auf die Nummer, die ihn interessiert und läßt die monotone Stimme des Auktionators an sich vorüberrauschen.

Diese Art Versteigerungen ist nicht sehr verbreitet, aber man findet sie in dem angeblich so temperamentvollen Florenz ebenso wie in München.

In München sitzt zum Trost dafür der typische Vertreter der Gruppe zwei, der amüsanten Auktionatoren: Hugo Ruef, Erzbayer, siebzig Jahre alt. Bei ihm sehen drei Minuten aus einer Auktion etwa so aus:

„Oiso, hier hätt ma an Eduard Grützner. Was sagen S'? Schon wieder a' lesender Mönch? Ja mei! Jetzt nützts Beschwern a nix mehr, der Grützner lebt nimmer. Aber a schön gemahlns Büidl is. Fangen ma an: Achttausend Maaaak. Oiso? 8200, 8300, 8500, 8700, 9000 – was sagen S'? Warum gleich 300 höher? Ja, Sie san doch schon längst abghängt, da is es doch wurscht, ob ich 8600 oder 8700 sag. Oiso? 9300. Was is jetzt dös? Wer hat denn da gebellt? Dös war Ihr Hund, gnädige Frau, steigert der mit? Gilt dös? Dös gilt? Oiso, 9500

Maaak. 10 000 der Herr ganz hinten – was? Nicht? Aber Sie ham doch den Finger gehoben! Zum Kratzen? Sie, dös kann in einer Auktion fei a teures Kratzen werden! Oiso, stehn mir bei 9500. Jetzt machts amal, Herrschaften, sonst sitzn mir heit abend immer noch da ..."

Den Übergang von Gruppe 2 zu Gruppe 1 bildet zum Beispiel Jörg Stuker in Bern. Der Saal ist blumengeschmückt, Stuker selbst trägt eine Nelke im dunklen Anzug, Zigaretten liegen zum Bedienen herum; Kataloge, das Stück zu 20 Franken, werden einem gratis in die Hand gedrückt.

Vor der Vitrine mit dem Brillantschmuck der Kaiserin XYZ steht (mit weißen Handschuhen) ein gemieteter Polizist.

Stuker: „Und nun eine äächte Kostbarkeit, mesdames, messieurs, ein Rosenaquarell von Sybille Merian um 1700 – nun, was saget Sie dazu? Eine Preziose! Très délicat, très exquis! Ja, meine Damen, nun hängen Sie doch endlich einmal das Schloß Chillon oder das Matterhorn ab – *dies* hier gehört an die Wand eines kultivierten Heims! Jetzt sage ich Ihnen den Preis: 2000 Franken. Das ist geschenkt! Frau Rat, ich seh das Stück eigentlich bei Ihnen! Neben dem Alkovenfenster, im Ernst! Was sagen Sie? Zwei Fenster? Das weiß ich ja, warten Sie nur ab, ich habe ja noch das Pendant! Das Bild hat übrigns die allerbeste Provenienz, es kommt aus Genfer Altbesitz, ich kanns Ihnen verraten: aus der Sammlung Dupont! Äachter gehts nimmer! Alors: deux milles – zweitausendzweihundert – zweitausendvierhundert – zweitausendsechshundert, deux milles six cents. Das ist noch zu niedrig, glauben Sie mir. Wo sind denn die Deutschen? Nun? Ich sehe doch mehrere deutsche Kunsthändler im Saal. Auf die Barrikaden, meine Herren, Sybille Merian hat in Nürnberg gelebt! Dreitausend – jetzt bin ich beruhigt! Nein, wirklich, glauben Sie mir, Madame, es tut mir weh, eine Kostbarkeit zu verschleudern. Sie lachen! Charmant! Also, viertausend – zum ersten, zum zweiten – na? Ausbesonnen? Ausbesonnen? Ich schlage zu – j'adjuge – zum dritten!"

Stukers Auktionen dauern 8 Tage, 10 Tage, 12 Tage und enden mit einem Millionenergebnis. In die gleiche Gruppe gehört Fischer, Luzern, dessen Haus am See stets so vollgepropft ist wie das Magazin einer Staatsgalerie. Dort wurden 1939 im Auftrag des deutschen Reiches die „Entarteten" versteigert, der Katalog dieser Auktion kostet heute allein schon 200 Mark. Bei Fischer können Sie die seltsame Naturerscheinung des siebenfachen Echos erleben. Dr. Fischer, wie ein schwyzer Buddha auf dem Podium thronend, ruft in den Saal: „Ein Männerporträt von Brosamer, schönes Bild und tadellos erhalten. Sehr schön, schauen Sie selbst – haltet das Bild ein bißchen schräg, sonst blendet der Scheinwerfer – können Sie sehn? Achttausend Franken!" und sofort setzt das Echo ein, was sage ich: es legt los: „Achttausend, achttausend, achttausend, achttausend." Dabei reißt es den neben Fischer stehenden Herrn, als könne er sich vor Angeboten von rechts und links kaum retten. Und wenn er Sie anschaut und achttausendfünfhundert ruft, erschrecken Sie nicht, er meint nicht Sie, Fischer hat ihm die Zahl zugemurmelt, sie ist aus einem schriftlich vorliegenden Angebot. Bei Fischer wird ganz besonders viel schriftlich geboten, aus aller Welt, er hat einen großen Ruf. Wenn man von dort mit einem Schritt zu Lempertz, Köln, hinüberwechseln könnte, würde man das Empfinden haben, aus einem Tribunal zu einem Diplomatenempfang hinüberzuwechseln. Bei Lempertz spricht man leise, man lacht leise, ja, man lästert sogar leise. Man schaut durch Lupen, Telefone klingeln (leise), und Dr. Wallraf versucht bei der Vorbesichtigung, sich zu vierteilen, um zugleich einen van Dyck in dem einen Raum als „absolute Klasse" zu verteidigen, einen Hobbema im anderen Saal stilkritisch zu erklären und eine gotische Plastik im dritten Raum in eine Staatsgalerie zu lancieren. Wenn dann der Augenblick der Auktion gekommen ist, merkt er, daß er sich das alles hätte sparen können, denn alle drei Sachen kauft ein Filmproduzent, der „eben mal reinschauen" wollte. Bei Lempertz sieht man Galeriedirektoren und Experten, wie sie mit begrenzten Mitteln die unscheinbaren Perlen herauszufischen versuchen, man sieht die Ausländer, die ihre Meister für ihr Land zurückgewinnen wollen, dazwischen die staunenden Kölner der guten alten Gesellschaft, und man sieht die schweren Neureichs, die sich mit Kultur eindecken möchten und die Hand so lange heben, daß sie fast einen Krampf bekommen. Dann weint Herr Wallraf innerlich ein bißchen, Herr Hanstein, der Auktionator, aber gratuliert dem Kunden fröhlich zu seinem Sieg.

Nun kann man noch eine Sprosse höher klettern, dazu muß man sich nach London, besser noch nach

New York begeben. Dort beherrscht Parke-Bernet den Auktionsmarkt. Das Haus ist weltberühmt. Seit es Rembrandts „Aristoteles vor der Büste Homers" für 8 Millionen Mark versteigerte, ist sein Ruf sogar bis in die Illustrierten gedrungen. Parke-Bernet liebt es, wenn eine kleine, erlesene Sammlung zu versteigern ist, einen intimen Saal im Waldorf-Astoria zu mieten und die Auktion dort zu später Abendstunde und im Charakter einer Galavorstellung abzuhalten. Da kommt dann überhaupt nur hinein, wer eine Eintrittskarte hat. Und wer da ist, könnte Ihnen das Finanzamt, Abt. Einkommen über eine Million Dollar jährlich, von der Liste ablesen. Das ist die wahre „Wallstreet" der Kunst. Da werden die Kurse gemacht. Da bellt kein Hund, und da schallt kein siebenfaches Echo. Da passiert kein faux pas, kein Fehler. Höchstens ein Denkfehler, aber das stellt sich erst heraus, wenn jemand seinen Picasso „Paysage de Gosol", den er 1968 für 1,7 Millionen Mark ersteigerte, zwanzig Jahre später wieder verkaufen will.

Rubens
und die Weltrangliste

Nein, nein, es gibt in der Malerei keine Weltrangliste! Die Behauptung wäre total phantastisch, sie brächte jeden würdigen Kunsthistoriker an den Rand eines Kollaps – drum also wollen wir sie aufstellen. Denn der ist kein Mann, dem das Erbleichen der Fachleute nicht ein diabolisches Vergnügen bereiten würde.

Aber noch aus anderen Gründen sollte man nicht versäumen, eine so interessante Dummheit anzustellen. Erstens ist es nicht nur erlaubt, sondern immer gut, die seriöse Wahrheit mit jenen Vorstellungen zu konfrontieren, die unausrottbar volkstümlich sind. Und zweitens spricht unsere Behauptung nur den Gedanken laut aus, dem auch der tiefstgekühlteste Professor irgendwann in einer stillen Stunde schon einmal in aller Unschuld nähergetreten ist. (Der dreifache Superlativ „tiefst", „gekühltest" und „Professor" ist Absicht.) Sie können auch folgende Probe machen: Sagen Sie einem Maler, der auf einer Ausstellung gerade inkognito ein halbes Stündchen lang sein eigenes Bild bewundert, Sie hielten diesen Maler ernsthaft für den größten der Gegenwart, und er wird Ihnen nicht widersprechen. Was können Sie daraus schließen (abgesehen davon, daß der Betreffende in den nächsten drei Tagen, freudig erregt, zwölf Bilder malen wird)? Daß er eine Weltrangliste für möglich hält, wenn er in ihr erscheint.

Noch viel mehr können Sie aus einer Antwort schließen, die Anatole France einmal auf die Frage nach Frankreichs größtem Dichter gegeben hat. Er sagte: „Leider Victor Hugo". Hier hat also ein einwandfrei illustrer Geist nicht nur prompt eine Rangliste akzeptiert, sondern er hat sie mit dem Worte „leider" auch noch in Vergleich zu einer von ihm gedachten Weltrangliste gesetzt.

Ich glaube, wir können uns nun, da ein Franzose die Fragestellung sanktioniert hat, der Beantwortung selbst zuwenden, ohne Umschweife, ja, sogar mit einem gewissen Ernst, denn tatsächlich rührt die an sich blödsinnige Frage an eines der schwierigsten Probleme der Kunstästhetik: an die qualitative Vergleichbarkeit der Stile. Nehmen wir an, es gäbe einigermaßen sichere Einschätzungen innerhalb einer Zeit und einer Stilrichtung (etwa, daß van Gogh der größte Nachimpressionist oder El Greco der größte Manierist sei), so ergibt sich jetzt die Schwierigkeit, die beiden Maler gegeneinander abzuschätzen, was nichts anderes bedeutet, als zwei Stile, zwei Richtungen, zwei Epochen, zwei Kunstauffassungen, zwei Lebensgefühle qualitativ zu vergleichen. Das ist bis zu einem gewissen Grade möglich. Sagen wir vorsichtshalber: vielleicht. Niemand wird zwar heute bestreiten, daß die Gotik über dem Rokoko steht; niemand heute. Im Rokoko aber hat es jedermann bestritten. Jacob Burkhardt hielt das Barock für einen Verfallstil, für uns ist er einer der fruchtbarsten.

Das Biedermeier galt bis vor kurzem als eine „Verarmte-Zeit-Notlösung", heute erkennen wir in ihm ein ausgeprägtes, ganz eigenes und ausgesprochen schönes Lebens- und Formgefühl.

Aus diesem Dilemma, das jedem vertraut ist, der sich mit Kunstgeschichte befaßt, glaubte ein bedeutender Kunsthistoriker, Alois Riegel, einen Ausweg gefunden zu haben. Er hielt Stile überhaupt nicht für vergleichbar; mehr noch, er lehnte es ab, dem Stil selbst irgendeine Qualität beizumessen, sondern lehrte, daß ausschließlich die einzelnen überragenden Persönlichkeiten die Werte schüfen. Das heißt, um es an einem Beispiel klarzumachen: Die Gotik ist nicht an sich bedeutend, sondern nur durch die Werke ihrer Repräsentanten. Es habe also, sagt Riegel, nur einen Sinn, einzelne Meister zu vergleichen, und zwar anhand eines überstilistischen, rein malerischen Maßstabes.

Leider hat Professor Riegel vergessen, uns diesen überstilistischen Maßstab mitzugeben. Die Sache ist nämlich die: man kann sich zwar tatsächlich auf eine Beurteilung reiner Farbharmonien oder Formspannungen beschränken, gleitet aber damit unweigerlich ins ästhetisch Kunstgewerbelnde und Formelhafte ab. So kann man wohl ein Bild Peter von Cornelius' oder Mondrians betrachten, aber an die unerklärlichen Gewalten Grünewalds, Goyas, Boschs, an das Mysterium van Eycks, Rembrandts, van Goghs kommt man damit nicht heran. Ja, sogar die Begriffe ,,Farbharmonien" und ,,Formen" unterliegen einem dauernden Wandel der Interpretation. Duccios Zeitgenossen haben schon als lineare Spannung empfunden, was die Manieristen im 16. Jahrhundert als Schlafmittel ansahen. Nach all diesen Überlegungen kommt man still und heimlich wieder auf das zurück, was die Fragen nach Größe und Schönheit eben alle sind: das Bekenntnis unserer Liebe. Ein bißchen spielt der Zeitgeist eine Rolle, ein bißchen unser historisches Bewußtsein und ein bißchen auch unsere merkantile Erfahrung, also der Reiz der Rarität und des Handelswertes. Summa summarum also sind alle Bekenntnisse subjektiv und just darum so vergnüglich.

Denn wir wollen es mit den alten Griechen halten, die jede nüchterne absolute Wahrheit hingegeben hätten für ein Symposion voller kühner Hypothesen.

Nach meinen Erfahrungen nun wird von Kunsthistorikern, Kennern, Sammlern und Händlern etwa folgende Gruppe von Malern als höchste Spitze genannt: Jan van Eyck, Rogier van der Weyden, Giotto, Michelangelo, Leonardo, Giorgione, Piero della Francesca, Rembrandt, Rubens, Dürer, Grünewald, Velazques. Jedes Hauptwerk dieser zwölf würde heute mehr als 5 Millionen Dollar bringen. Zur nächsten Gruppe werden am häufigsten gezählt: Duccio, Masaccio, Mantegna, Botticelli, Raffael, Tizian, El Greco, Goya, Jean Fouquet, Hugo van der Goes, Bosch, Pieter Breughel, Frans Hals, Vermeer van Delft, Hans Holbein und Vincent van Gogh. Zum erstenmal taucht hier also ein moderner Maler auf. Auch Picasso wird genannt. Überhaupt beginnen hier die Grenzen schon ganz zu verschwimmen, und die dritte Gruppe umfaßt dann gleich zwanzig oder dreißig Namen, zu denen von den Deutschen gewöhnlich Lucas Cranach, Altdorfer und Stephan Lochner gehören.

Erlauben Sie mir zum Schluß – und sei es auch nur,

damit Sie mich beschimpfen können – mein eigenes Bekenntnis. Ich halte Jan van Eyck, Mathias Grünewald, Giotto und Rembrandt für die größten Maler, die das Abendland hervorgebracht hat.

Wie? Sie vermissen Ihren Liebling, Madame? Das tut mir aufrichtig leid. Schreiben Sie den Namen doch einfach mit Bleistift dazu.

Psychologie der Künstler

„Ernst ist das Leben, heiter ist die Kunst", hat Friedrich Schiller geschrieben. Es steht im Prolog zum Wallenstein, und ich habe extra noch einmal nachgelesen, ob er es vielleicht nicht ironisch gemeint hat; aber er hat nicht. Nun frage ich mich also: Wie kam er zu dieser verblüffenden Ansicht? Er kann seinen Wallenstein doch wahrlich nicht als heiter empfunden haben? Also – so überlegte ich mir – scheint nur eine Möglichkeit übrigzubleiben, daß das Wort „heiter" damals (1798) noch einen anderen Sinn haben konnte als nur „vergnügt". Ich schlug im etymologischen Wörterbuch nach, und sogleich gingen mir verschiedene Lichter auf: „Heiter" wurde zu Schillers Zeiten noch gern in der alten, mittelhochdeutschen Bedeutung von „leuchtend, klar, erhellend" gebraucht. Natürlich! Wir sprechen ja auch heute noch von „heiterem" Wetter. Ich bin recht froh, Schiller rehabilitiert zu haben, vielleicht ist es sogar eine philologische Entdeckung.

Nun ist aber, sehe ich, noch etwas anderes möglich, nämlich, daß Schiller gar nicht die Kunst, sondern die Künstler gemeint hat; daß er also in Wahrheit sagen wollte: „Ernst ist der Bezirksdirektor, heiter das Künstlervölkchen." Sie merken? Jetzt stimmt's.

Die Künstler, müssen Sie wissen, sind nämlich seit dem vorigen Jahrhundert ein „Völkchen", und zwar ein lustiges. Beachten Sie wohl: Ärzte, Apotheker,

Lehrer, Beamte, Schornsteinfeger können „Leute"
sein oder eine Schicht, Arbeiter können eine Klasse
sein, die Bauern können Landvolk sein – „Völkchen"
aber können nur Künstler sein.

Das Wort ist herzig gemeint, etwa so, wie es einem in
den Sinn kommt, wenn man die Kinder nach Schul-
schluß aus der Schule strömen sieht, wenn sie lärmen
und toben, sich boxen, schubsen, wenn sie die Wände
bekritzeln und an die Litfaßsäule Pipi machen und den
Polizisten anschielen.

Völkchen – allenfalls kann man es noch bei Zirkus-
Zigeunern sagen. Da sitzt man auf der wackligen Bret-
terbank, kahle Glühbirnen hängen über der Manege
herunter, ein erbarmungswürdig traurig aussehendes
Zigeunermädchen mit großen Mandelaugen balan-
ciert einen Degen auf der Nasenspitze, während der
Vater ein paar Clownerien macht, die Mutter an der
Kasse falsch herausgibt und die ältere Schwester sich
im Wohnwagen (Baujahr 1927) als Silhouette im Fen-
sterchen sichtbar für ihren Salome-Tanz umzieht.

Sie sehen, alles in allem, wie perfekt der Vergleich ist.
Darum hat auch Henri Murger in seinem Roman „Bo-
hème" (1851) die Künstler zum erstenmal und sehr
richtig Bohèmiens genannt. Bohème ist das gleiche
Wort wie unser „Böhmen", und aus Böhmen kamen
die Zigeuner. Durch Puccini ist dann Bohème zu einem
Begriff geworden. Und zu einem unerschöpflichen
Thema; denn –

denn der Bohèmien erregt zwei (eigentlich entgegen-
gesetzte und unvereinbare) Gefühle gleichzeitig; er
stößt den soliden Bürger ab und zieht ihn zugleich

136

magisch an. Schrecklich und zahllos sind die Fälle, wo im vorigen Jahrhundert blutjunge Gardeleutnants und hoffnungsvolle Assessoren von Künstlerinnen aus der Bahn geschleudert wurden und Väter den Dienst quittieren mußten. Ich werde nie vergessen, welchen Eindruck auf mich als Jüngling Emil Jannings' Schicksal im „Blauen Engel" machte und wie ich im Berliner Telefonbuch sofort nach der Adresse von Marlene Dietrich suchte. Ich hatte den Tantalus-Bazillus inhaliert, aber die Nummer war besetzt. Denken Sie auch an die bittersüßen Novellen von Theodor Storm mit ihren liebreizenden Menschenkindern, die, kaum die Atelier- oder Theaterluft geatmet habend, alles vergessen inklusive sich selbst, und in den Fluten des städtischen Flusses enden. „Er ist mit einer Schauspielerin verheiratet", läßt den Angesprochenen heute noch erschauern, teils vor Neid, teils vor Schrecken, und ein Satz (an sich ganz nebenbei erwähnt) wie „Meine Frau läßt sich malen" erweckt in jedem wissenden Menschen den Drang, dem betreffenden Gatten die Hand auf die Schulter zu legen und ihn zu einem vergessenmachenden Umtrunk einzuladen. Nun werden Sie fragen: „Ist etwas daran?" Daran ist etwas. Da besteht gar kein Zweifel. Und zwar mehrerlei, und alles läßt sich ganz genau erklären. Der Ruf, in dem das Malervölkchen steht, kam präzise zu der Zeit auf, als man Rembrandt entdeckte. Natürlich kannte und achtete man Rembrandt schon viel länger, aber lieben, vergöttern, bewundern tat man ihn erst in der nachromantischen Epoche, also so gegen 1840/50. Man war „erschüttert" von seinen „hingehauenen" Werken, aber auch von seinem Leben. Sie wissen: Saus und Braus, Gold und Geschmeide, Verzweiflung beim Tode Saskias, Konkubinat mit Hendrikje, Kind der Sünde, alles um ihn herum tot, er verarmt, verhöhnt, verlassen, bankrott. Ja, das war Titanenschicksal! Nun wollten, im Gegensatz zu früher, auch die lebenden Maler titanisch sein. Sie hießen zwar nicht Rembrandt, malten auch nicht ganz so gut, fühlten aber wie er gewaltige Anlagen. Wie wird man titanisch, lautete die Frage. Zumindest: Wie wird man genialisch, wie wird man geheimnisumwittert, wie wird man künstlerisch bis zum Platzen? Die Antwort lag nahe: durch Rembrandts Samtbarett, durch eine Hendrikje, durch Verachtung der bürgerlichen Moral und durch Einmietung in das Dachgeschoß eines Hinterhauses (sowieso wegen Oberlicht und Preis). Da saßen sie nun beieinander, die Rembrandts, und jeder hatte eine Hendrikje gefunden. Im Magen herrschte Leere, aber in der Brust Überdruck, und so, seiner Majestät dem Kaiser ein Greuel und dem Hauswirt eine Plage, warteten sie auf den Ruhm. Manchmal kam er; meistens nicht. Wenn er nicht kam, wurde noch ein Scheit auf das seelische Feuer gelegt.

Das muß man richtig sehen. Vergegenwärtigen Sie sich, Sie seien 28 Jahre alt, wüßten ganz genau, daß ihre Bilder 3–400 000 Mark wert seien, und müßten sie für 80 Mark pro Stück verkaufen. Dies Gefühl müssen Sie sich nur mal vorstellen! Was bedeutet Ihnen da noch Hekuba! Oder die Schuld beim Fleischer? Oder umgekehrt, die Unschuld bei der Fleischerin! Ja, da kommt jene Freigeistigkeit, jene trotzige Extravaganz zustande, die den Landrat die Stirne runzeln, die Klavierlehrerin vom 3. Stock gegenüber aber zum Fernglas greifen läßt.

Wie liegen die Dinge nun heute?

Wo sind sie geblieben, die Samthosen tragenden, Bilder verheizenden, Rousseau zitierenden, verkannten Rembrandts? Keiner ist mehr zu entdecken, weder in den Straßen Unnas, wo es doch sicherlich welche gegeben hat, keiner auf der Kö in Düsseldorf, keiner in Stuttgart; und wenn man in Münchens Schwabing Gestalten trifft, die so ähnlich aussehen, dann sind es mit Sicherheit Söhne von Direktoren mit einer 20-Mark-Karte in der Tasche auf dem Wege zu Louis Armstrong.

Wo sind sie geblieben? Wer kann es mir sagen? Mein Steuerinspektor konnte es mir sagen, und zwar genau. Viel genauer als ein Kulturhistoriker. Er sagte:

Bis etwa 1953 oder 1954 gab es noch die Maler der alten Bohème. Sie trugen zwar keine Samtbaretts, aber noch die Hosen aus der Zeit vor der Währungsreform, während rings um sie herum bereits die Kamelhaarmäntel flatterten. Sie malten und pilgerten mit den Leinwänden unter dem Arm unermüdlich von einer Ausstellungs-Jury zur anderen. Sie nahmen auch immer gleich den Fragebogen mit. Wenn sie Glück hatten, dann waren sie im Dritten Reich niemals Stipendiat der Villa Romana gewesen, und kein Gauleiter hatte je ein Bild von ihnen gekauft. Dann durften sie jetzt in den Ausstellungen ihre neuesten Werke aufhängen. Manchmal wurde eines verkauft. Es brachte kaum die Miete ein. Ganz heimlich gingen sie daher in ein anderes Stadtviertel, um sich zur Miete noch das Brot hinzuzuverdienen. Sie weißten (bei Leuten, die sie nicht kennen durften) die Küche oder den Treppenflur zum halben Preis.

Sie zahlten keine Steuern.

1954/55 begannen sie aufs Finanzamt zu kommen, und zwar freiwillig! Sie hatten einen neuen Anzug an und erkundigten sich nach dem § 17 „Umsatzsteuer-Freibetrag", ein Wort, das sie vor kurzem noch für chinesisch gehalten hätten. Was war geschehen?

In jenen Jahren hatte die Sintflut der Bautätigkeit eingesetzt. Hunderttausende von Familien wechselten vom möblierten Zimmer in die Neubauwohnung über, und Zehntausende wünschten sich nun ein Bild an der Wand, echt Öl und handgemalt. Die „Kunsthändler" schossen wie Pilze aus der Erde. Das Problem war nicht wie in der Großen Kunstausstellung der Verkauf, das Problem war die Beschaffung der richtigen Bilder.

So schleppte denn eines Tages der „Kunsthändler" seinen Gehpelz die fünf Treppen auch zu dem verkannten Rembrandt hinauf, zeigte ihm ein paar Beispiele seiner Ware und erbot sich, ihm wöchentlich sechs Bilder à 80 Mark (später mehr) abzunehmen. Rembrandt – nach kurzem Gewissenskampf in der Küche – nahm das Angebot an. Natürlich sollte das alles ganz diskret vor sich gehen, für kurze Zeit nur und unter Pseudonym, versteht sich. Zum Beispiel unter „Prof. Wildenstein" oder „Enrico Massi". Der echte Name

Sepp Huber mußte für die Unsterblichkeit reserviert bleiben.

Die ersten Werke mißlangen. Es war ein Reinfall. Die Bilder waren wirklich Kunst (oder nahe dran) und daher unverkäuflich. Der Händler mußte nun erst einmal dem Maler eine grundsätzliche Unterweisung geben: alle Bäume sind grün, alle Bäche blau, und alle Bergspitzen tragen entweder Schnee oder sind rosa beleuchtet. Menschen gebe es in der Natur nie, jedoch könne man ganz in der Ferne ein kleines schwarzes Fleckchen machen, darunter ein weißes und unter dieses ein etwas größeres rotes, das sei eine Sennerin in weißem Mieder und rotem Rock.

Der erste eingenommene Tausender trieb ihnen erstens die Tränen der Rührung in die Augen, zweitens sie aufs Finanzamt, wo sie sich durch eine Generalbeichte erleichterten. Nie sprechen sie noch über Malerei, und nie mehr gehen sie in eine Kunstausstellung, so etwa, wie man nie mehr einer großen Liebe begegnen möchte, die man sitzengelassen hat.

Dann gibt es eine zweite Gruppe. Auch sie ließ sich so um die Jahre 53/54 zum erstenmal auf dem Finanzamt blicken; sie kam mit Rollen unter dem Arm oder mit Mappen und breiteten sie dem an sich nicht neugierigen Steuerboß hurtig über den Schreibtisch aus. Da kamen Zeitungsbelege von Illustrationen heraus, Kinoplakate, Werbeprospekte für die herrliche blaue Adria oder die nicht minder blaue Costa brava, oder ein Bucheinband zu „Cleopatra, Rätsel der Historie". Es war nicht Eitelkeit, was sie zu dieser Werkausstellung trieb, es war jenes Staunen über das eigene Glück, das Schiller für seinen Polykrates in die Worte kleidete: „Dies alles ist mir untertänig, begann er zu dem Steuerkönig, gestehe, daß ich glücklich bin!" Gern warfen sie dafür dem Staat einen goldenen Ring in den Rachen, wo er, im Gegensatz zu dem Schillerschen Gedicht, für immer verschwand. Ja, schlimmer noch war Vater Staats Undank: er machte jetzt bei ihnen alle vier Jahre Steuerprüfung.

So sehr aber die Prüfer bei dieser Gelegenheit auch immer prüften, nie mehr fanden sie einen Hinweis, daß Polykrates seitdem noch ein einziges Mal ein Bild gemalt hatte. Und in seinem Schrank hing statt der Samtkappe ein Sturzhelm, denn er fuhr eine 350 ccm.

Dergestalt lichteten sich die Reihen der Künstler. Fast war es ein Kahlschlag; mit Staunen sahen es die wenigen Unentwegten, die noch übriggeblieben waren. Sie waren es, die am längsten mit Baskenmütze und per Taille durch die Winter gingen, die unentwegt immer weiter mit ihren Leinwänden von Jury zu Jury pilgerten. Und als Vater Staat im Trubel des Wohlstandes sich darauf besann, daß es ein Zeichen von Freiheit ist, sich um die brotlosen Künste zu kümmern, Akademien zu gründen, Professorentitel auszuwerfen, Preise zu stiften und Bilder für die Vorzimmer zu erwerben (in den Hauptzimmern hingen bereits Alte Meister), da schlug auch für die letzten Unentwegten die große Stunde. Wohl dem, dem Gott da zusätzlich noch eine dunkle Redegabe verliehen hatte zwecks Erläuterung und Diskussion seiner Werke. Wie es dieser letzten Gruppe geldlich geht – ich meine, über ihr Dozentengehalt hinaus – das weiß ich nicht. Es ist eines der delikatesten Geheimnisse, die um sie herrschen. Sie sind seit einigen Jahren schon nicht mehr beim Finanzamt „Nord" zuständig, sondern wohnen schlicht „auf dem Lande".

Nina 1954

*Das Drehbuch zu dem Film „Nina" beginnt
mit der Charakterisierung der Personen.*

Der Hofrat

Er ist die erste Gestalt, die uns in der Handlung des
Films begegnet. Man wird ihn, da er ein pensionierter
Herr ist, über 65 Jahre alt sehen müssen. Aber er ist
kein Greis, er ist kein alter Wiener Fenstergucker.
Wenn er im Rang ein bißchen höher geklettert wäre als
nur bis zum Hofrat, – als Bundeskanzler käme er jetzt
gerade ins richtige Alter, um die Welt zu verstehen. So
rüstig ist er. Ein adretter alter Herr, dessen Wohnung
immer mild nach Tabak riecht, dessen Manschetten
stets sauber sind, und der sich sehr gern noch um etwas
oder um jemanden sorgen möchte, wenn die Welt ihn
doch bloß ließe. Aber es liegt kein Bedürfnis vor. Bis
eines Tages Frank erscheint.

Frank Wilson

Das ist er. In dieser Geschichte müßte er ein amerika-
nischer Romeo sein, wenn es das gäbe. Da es das aber
nicht gibt, ist er ein Liebender, der in die Tragödie des
Romeo Montecchio so hineingerät, wie die Amerikaner in alles hineinzugeraten pflegen: tadellos konser-
ven-ernährt, besten Willens, strahlend von Fortschritt
und Freiheit, im Kopf mit der kompletten Erklärung

der Menschenrechte, im Herzen mit der kugelrunden Harmlosigkeit eines Karl May ausgestattet.

Von Norman Mailer und Ernest Hemingway weiß er, auf welche Weise man ein ganzer Kerl ist. Er hat eine merkwürdige Nichtachtung der Gefahr, weil er den schweren Verdacht hat, daß Mailer und Hemingway in Wahrheit gewaltig flunkern, und daß es den Tod gar nicht gibt.

Frank Wilson speziell nun ist ein liebenswertes Exemplar dieser Gattung; er ist etwa 28, höchstens 32 Jahre alt. Obwohl er locker, federnd, voller Humor und unbeschwert ist, denkt er gelegentlich mehr nach, als es für einen Amerikaner bekömmlich ist. Er ist nicht so aufgeräumt wie sein Freund Eddy, aber auch er findet die Welt in Ordnung und den Ort, wo er sich gerade befindet, fabelhaft. In Korea hat er im Gegensatz zu Eddy ganz bestimmt mal aus Bambuspfeifen geraucht und in Wien ißt er Sachertorte. Daß er in dieses Drama gerät, läßt fast den Verdacht aufkommen, daß seine Großmutter eine Deutsche war. Von Rußland versteht er natürlich gar nichts. Er schreibt lediglich darüber.

Eddy Cunningham
Er ist etwa so alt wie Frank und braucht auch nicht wesentlich anders auszusehen als Frank. Dennoch unterscheidet er sich von ihm in ein paar Zügen: In Frank nagt nach zwei Jahren Wien ein wenig der Wurm des Abendlandes; Eddy hingegen ist der famose „old fellow" geblieben.

Er ist der Mann, der Gott dankt, daß die Vereinigten

Staaten, Präsident Eisenhower, der gesunde Menschenverstand und der elektrische Kühlschrank erfunden sind, und der felsenfest davon überzeugt ist, daß alles andere kleine Fische sind, die man regulieren kann. Wenn es die UNO noch nicht gäbe: Eddy würde sie sofort gründen.

Daß er so gut deutsch spricht, ist eines der sieben Weltwunder, denn er weiß natürlich genau, daß es sich an und für sich nicht lohnt, eine andere Sprache als die amerikanische zu lernen.

Eddy baut sein Leben in der festen Überzeugung auf, daß er niemals älter werden und nie die spinale Kinderlähmung bekommen wird. Gegen Zahnersatz und Autounfälle hat er nichts. Noch ein Wort zu Eddy: Er würde auch sagen: Wozu sich mit Wienerinnen plagen, solange es Cook-reisende Amerikanerinnen gibt.

Nina Mischkin

Jetzt würde die Sache schwierig, wenn nicht Dostojewski so gut vorgearbeitet hätte. Wenn es (neben dem klassischen Italien) ein Volk gibt, bei dem ein junges Mädchen sehend und unerklärlich für eine große Liebe ins Verderben rennt, so ist das Rußland.

Die Karamasows, die Raskolnikows und die Dolgorukis sind so wenig einer Logik zugänglich, wie die russischen Steppen einem Cadillac, und so wird man verstehen, daß auch Nina Mischkin trotz besseren Wissens und trotz der Faust im Nacken das tut, was ihr ihre „russische Seele" befiehlt.

Nina ist ungefähr 25 Jahre alt. Frank ist ganz sicher

nicht der erste Mann in ihrem Leben, aber auch ganz sicher nicht der dritte, vierte, fünfte. Wäre er der erste, so könnten mir Psychoanalytiker die „große Liebe" wegdebattieren und die ganze Geschichte als Unerfahrenheits-Tragödie erklären. Aber so ist es ja gerade nicht! Es trifft sie vielmehr wie ein Blitz aus heiterem Himmel.

Schade wäre auch, wenn sie eine von Zweifeln angekränkelte Russin wäre. Das ist sie ganz und gar nicht. Sie ist im Bolschewismus groß geworden und sieht in ihm etwas ganz Selbstverständliches. Daß sich Menschen vor ihm fürchten, deutet sie ganz folgerichtig dahin, daß diese Menschen Grund dazu haben. Sie hat zunächst keinen.

Daß Nina hübsch ist, soll anfangs ganz zurücktreten. Aber wie entzückend ist ihre Unbeholfenheit! Wie rührend ihre innere Keuschheit, wie schön ihr Lächeln! Sie lacht gern; man muß ihr nur erst gezeigt haben, wie man es macht. Und wenn sie weint, weint sie niemals aus Angst oder Furcht um sich, sondern immer nur um den anderen, den einen: früher um Mamutschka, jetzt um Frank.

Übrigens wäre es für Frank als Amerikaner sehr anstrengend geworden, Nina ein Leben lang zu lieben. Das weiß er nur nicht. Nun – vielleicht hätte sie ihn früher oder später sowieso im Schlaf erschlagen, um ihn ein für alle Male ganz für sich zu haben.

Siehe Dostojewski.

Aber davon ahnt man angesichts ihres Lächelns nichts.

Major Tubaljow

Pjotr Iwanowitsch Tubaljow ist Major der Reserve, aber immer im Dienst. Das liegt nicht daran, daß er der geborene Militarist ist; das ist er gar nicht. Er ist lediglich ein vollkommenes Produkt seiner Erziehung. Gewiß ist er das Kind einfacher Eltern, bestimmt kam er auf die Ökonomie-Hochschule. Dann war er auf der Militär-Anstalt, dann war er im journalistischen Institut, dann war er im Kriege und jetzt ist er in Wien. Er könnte zwanzig Jahre in Wien sein, er würde immer Major Tubaljow bleiben.

Dazu braucht er auch keine Uniform anzuhaben. Er hat sie in diesem Film tatsächlich auch nur ein einziges Mal an, nämlich im 50. Bild, zusammen mit dem Oberst. Da merkt man, daß Zivil für ihn eigentlich eine Verkleidung ist. Die Uniform ist es, die seiner inneren Haltung entspricht. Tubaljow ist mindestens 40 Jahre alt. In ihm tritt als Gegenspieler Franks nicht ein zweiter „junger Mann" auf, aus dem Fach der Liebhaber und jugendlichen Helden – das wäre ganz falsch gesehen; sondern ein reifer Mann, ernst, massig und verschlossen. Wenn er auftritt, knarren nicht nur die Dielen, sondern es tritt tatsächlich eine Persönlichkeit auf. Aber er ist nicht düster, keineswegs. Das drohende Gesicht hat er erst, seit er sich in seiner starken Zuneigung zu Nina so genarrt fühlt.

Als Major hat er wohl das Recht, die Angelegenheit sofort politisch zu betrachten. Das gibt ihm die Möglichkeit, sich als Mann etwas weniger zu schämen.

So kommt es, daß er zum Schluß scheinbar nicht mehr sein Herz, sondern Rußland vertritt.

Oberst Kapulowski

Der Chef des Wiener Tass-Büros. Er ist etwa 55 Jahre alt, eine schlanke, noble, durch und durch zivile Erscheinung. 1914 war er noch Kadett der kaiserlichen Armee, und über seinem Bettchen hing Zar Nikolaus.

Heute hängt über seinem Bett die Primaballerina Etoile Galina Ulanowa.

Daß man sowohl von seiner zaristischen Erziehung wie von der englischen Krankheit, von der er früher ein bißchen befallen war, nichts mehr merkt, verdankt er seiner ungewöhnlichen Selbstbeherrschung, seiner Klugheit und diplomatischen Eleganz.

Was wäre dieser Mann für ein großartiger englischer Botschaftsrat! Als sowjetischer Oberst und von verdächtiger Herkunft Maupassant lesen und gepunktelte Querbinder zum weichen Hemd tragen zu können, ist wahrlich der Ausweis höchster Diplomatie.

Wien gefällt ihm. Sicher wäre es interessant zu wissen, wo er in seiner Freizeit ist und was er abends macht. Wenn man seine Untergebenen fragen würde, so würde der Portier vermuten, er telefoniere den ganzen Abend mit Bulganin, seine Sekretärin würde meinen, er läse die Werke von Lenin, und Tubaljow würde durch diese Frage zum erstenmal stutzig werden. Tubaljow wirft überhaupt für Kapulowski einen Schatten auf die Wiener Zeit. Der Oberst hat den leisen Verdacht, daß der Major nebenbei noch für den NKWD berichtet.

Leutnant Sergejeff
Mitglied der Wohngemeinschaft in der Schwindgasse,
ist ein unbedeutender kleiner Leutnant. Er ist unor-
dentlich, schmalbrüstig und hat viel zu früh geheiratet.
Das hat er nun davon: eine verschlampte, ewig
schwangere Frau und die Plage mit seinen Kindern.
Angesichts dieser Umstände ist es ihm völlig schnuppe,
ob er in Omsk oder in Wien sitzt.

Therese
Die alte, wie man in Wien sagt „Bedienerin" der russischen Gemeinschaftswohnung, ist eine Nebenfigur.
Wie alle Nebenfiguren spielt sie irgendwann einmal
eine entscheidende Rolle. Andere Bedienerinnen lassen das Bügeleisen angesteckt und das Haus brennt ab,
– so etwas würde ihr nie passieren. Bei ihr ist es etwas
anderes, womit sie Unheil anrichtet.

Der Tierarzt
Der alte Freund des Hofrats, einst Student in Wien
und Edelwild-Jäger in Grinzing, ist inzwischen um
vieles ruhiger geworden, als es der pensionierte Herr in
Wien ist. Das machten das dörfliche Leben in Spittal
und die Einsamkeit der Berge.
Er trägt wieder Couleur: die des Landarztes, Loden
und Pelerine. Mit städtischen Manschetten läßt sich
die Hand eben nur schwer bis mittschiffs einer kalben-
den Kuh bringen.
Wenn er auch in London mit grünen Biesen dasteht,
so ist er doch ein Herr von An- und Verstand.

8. Bild: Wie eine Liebe beginnt

In Stiedl's Restaurant, im Hofstübchen. In diesem altertümlichen merkwürdigen Raum spielen sich alle Szenen ab, die bei Stiedl liegen. Dort sieht man die alteingesessenen Wiener, hauptsächlich ältere Herren, selten einen Fremden, nie eine Uniform. Im Lokal ist keine Musik, nicht einmal eine Zither. Die Ruhe dort ist so groß wie die Speisekarte, aber es ist keine schläfrige Ruhe, sondern eine beschauliche. Die Kellner sind flink und gewandt. Das alte Wien. Frank und Nina, vorweg der Kellner, kommen auf uns zu, sie gehen zum zweiten Tisch links neben dem Kamin, unter dem grüngoldenen Drachen.

Frank und Nina nehmen Platz. Der Kellner legt zwei Speisekarten vor.

Nina: Ich möchte nicht essen.

Frank enttäuscht: Aber warum nicht?

Nina: Sie haben mir versprochen, daß wir nicht lange bleiben.

Frank: Nun gut. Aber etwas trinken?

Nina nickt.

Kellner: Ihren Wein?

Frank sieht Nina
fragend an. Sie nickt.

Frank:	Ja. Also, wie immer.
Kellner:	Jawohl, Mister Wilson.
Bei dem Namen Wilson fährt Nina erschrocken herum:	*Wie* heißen Sie?
Dann, mit einem Rest von Hoffnung:	Sind Sie Engländer?
Frank:	Nein, Amerikaner. Ich bin Korrespondent der New York Tide.

Ninas Gesicht erstarrt, sie blickt beinahe hilfesuchend um sich, als hätte sie jemand angegriffen. Einen Moment lang scheint es, als wolle sie aufstehen. Sie nimmt ihr Täschchen hoch und hält es mit beiden Händen vor ihre Brust.

Dann stößt sie plötzlich hervor:	Ich bin Russin! Ich arbeite bei der Tass!

Frank schaut Nina an und bemerkt, wie sie ihn ängstlich beobachtet.

Er nimmt sich zu-
sammen und lächelt:

Und deshalb möchten Sie da-
vonlaufen?

Nina:

Das verstehen Sie nicht! Sie
sprechen so gut deutsch ... ich
habe es nicht geahnt. Ich habe
überhaupt meine Pflicht vergessen. Ich hätte nicht mitge-
hen dürfen. Ich wußte auch,
daß ich es nicht durfte.

Frank, gütig:

Und warum sind Sie dennoch
gegangen?

Nina schweigt.

Frank legt einen
Moment lang leicht
die Hand auf ihre
Schulter, dann sagt
er herzlich:

Danke.

Nina antwortet,
vor sich hinblickend,
mit einem Lächeln.
Dann wird sie wieder
ernst und atmet
einmal tief.

Frank:

Wie heißen Sie?

Nina, unaufmerksam:	Nina Mischkin. Er wird mich suchen.
Frank:	Wer?
Nina hält ihr Glas unachtsam vor sich. Sie starrt auf den Tisch und sagt:	Ich bin nicht allein zu diesem Empfang gegangen. Der Major wird mich suchen.
Sie schaut auf und sieht Frank mit zusammengezogenen Brauen forschend an, als versuche sie, der Sache jetzt anders beizukommen.	
Nina:	Was ist das für eine Zeitung, für die Sie arbeiten?
Frank lächelt:	Eine ganz böse kapitalistische Zeitung. Unser Chefredakteur verspeist jeden Tag zum Frühstück zehn gebratene Kommunisten, und seine Kinder spielen zu Hause mit Kartoffelkäfern.

Nina muß unwillkür-
lich lachen. Dann
schüttelt sie den
Kopf und hebt
schüchtern ihr Glas: Ich bin nun einmal hier . . .

Frank und Nina
stoßen an und trin-
ken. Nina setzt das
Glas ab, schielt
Frank von der Seite
an und sagt: Sie sind der erste Amerikaner,
                          den ich kennenlerne.

Frank füllt sein
Glas nach: Das genügt vollkommen, um
                          ein perfekter Kenner Amerikas
                          zu sein. Wären Sie neugierig, es
                          kennenzulernen?

Nina schaut ihn miß-
trauisch an, an ihrem
Glas nippend.
Frank, mit dem
größten Vergnügen: Ein herrliches Land, es würde
                          Ihnen gefallen. Sehen Sie: bei
                          Ihnen gehören die Automobil-
                          werke den 10 000 Arbeitern,
                          und das eine Auto davor dem
                          Direktor. Bei uns gehören die
                          Fordwerke einem Direktor und

die 10 000 Autos davor den Arbeitern.

Nina schaut ihn
ernst und strafend
an. Frank eifrig:

Wir haben die größten Strategen, die größten Häuser, die größten Überschwemmungen, die größten Katastrophen, die größten Kartoffeln und die größten Rosinen.
Bei uns kommen die Kinder künstlich und schon nach neun Wochen auf die Welt. Sie werden sofort in einen Kühlschrank gelegt und anfangs mit Comic strips und mit Icecream ernährt.

Er nimmt den Salzstreuer vom Tisch:

Sehen Sie: Sowas steht bei uns auch auf dem Tisch, aber es ist nicht Salz drin, sondern Penicillin.

Nina schaut Frank
unentwegt an. Sie
gibt sich Mühe, streng
zu schauen, aber
man sieht, sie wird es
nicht durchhalten.

159

Frank:

Mit zehn Jahren reißt man uns alle Zähne aus und ersetzt sie durch ein Porzellangebiß, das nie ein Loch bekommt. Wenn es aber doch einmal ein Loch hat, dann wird es nicht plombiert, sondern wir stecken Kaugummi rein.

Um Ninas Mundwinkel zuckt es bereits. Frank in Fahrt:

Krankheiten sind bei uns durch die Wissenschaft vollkommen ausgerottet, in Amerika stirbt man nur noch an Altersschwäche. Manchmal mit 100 Jahren, manchmal mit 40 oder 30 Jahren. Das liegt lediglich an unserem ungeheuren Tempo.
Wir haben Expreßlifts, Expreßbusse, Expreßmetros. Jede Sekunde werden bei uns zwei Flugzeuge und zwei Autos gebaut, aber jede Sekunde stürzt nur ein Flugzeug zur Erde und fliegt nur ein Auto in die Luft.
Wir sind das humanste Land der Welt, das werden Sie zugeben. Bei uns ist es verboten, Mausefallen aufzustellen, wenn man keinen Jagdschein hat.

Nina blickt vor sich
nieder und lächelt.
Frank muß jetzt
selbst lachen:

Sie glauben mir nicht? Hach,
das ist typisch Prawda!!

Nina hält ihr Wein-
glas umklammert,
blickt vor sich auf den
Tisch und lacht.
Frank ist froh, das
Mädchen fröhlich zu
sehen, er hebt ihr das
Glas entgegen:

Na sdarowje, Nina Mischkin!

Sie strinken beide.
Nina schaut ihn
dabei aus den Augen-
winkeln belustigt an.
Frank:

Und jetzt müssen Sie mir von
Rußland erzählen!

Bei diesen Worten
erstirbt ihr Lächeln
langsam, sie wird
ganz ernst. Sie holt
tief Atem und
beginnt:

Ich weiß nicht, ob alles genau
stimmt, was ich Ihnen sage,
denn ich kenne die neuesten
Statistiken nicht. In der Sowjet-

161

union ist die Volksvertretung nicht eine parlamentarische, sondern eine sogenannte arbeitende Körperschaft. Das heißt, die Parlamentarier der Sowjetunion müssen selbst arbeiten, selbst ihre Gesetze durchführen, und selbst kontrollieren, was bei der Durchführung herauskommt, sie tragen unmittelbar und einzeln die Verantwortung.

Frank hat sich vorgebeugt, einen Ellbogen auf den Tisch gestemmt und den Kopf auf die Faust gestützt. Er läßt mit Duldermiene, in den Augen leichte Heiterkeit, den Wasserfall über sich hinwegrauschen.

Nina: Verstehen Sie das?

Frank nickt heftig.
Nina fährt
entschlossen fort: Der   Lebenshaltungskosten-
                         Index in Sowjetrußland liegt

heute, genau wie zu Anfang, ungefähr bei 100. Er ist stabil und damit der beste der Welt . . .

Sie wirft einen schüchternen Blick zu Frank und fügt schnell hinzu:

Zahlenmäßig ist das nicht zu widerlegen . . .

Frank nickt großzügig. Nina:

Die UdSSR ist unabhängig vom Import. Er ist proportional der kleinste der Welt. Das bedeutet, daß der Export automatisch auf der Crédit-Seite steht. Die Statistiken der Kulturabteilungen und der wissenschaftlichen Institute . . .

Hier unterbricht Frank plötzlich ihren Redefluß. Er sagt freundlich und milde:

Haben eigentlich alle blonden Russinnen braune Augen wie Sie?

Nina ist verstummt. Frank schaut sie lächelnd an. Er wartet.

163

Dann sagt er:	Sie sind reizend, Fräulein Mischkin. Nur Ihr Pflichtbewußtsein . . .
Nina unterbricht ihn, verwirrt und vollständig durcheinandergebracht:	Ich habe kein Pflichtbewußtsein, das sehen Sie doch!
Sie ist entschlossen, aufzustehen:	Ich kann nicht mehr bleiben, wir müssen gehen.
Frank, über diese plötzliche Reaktion ehrlich erschrocken, wehrt ab:	Nein! Sie müssen noch nicht gehen! Bitte, nicht! Bleiben Sie noch!
Nina:	Ich kann nicht! Ehe ich zu Hause bin . . .
Frank:	Wir nehmen ein Taxi. Dann sind Sie so schnell zu Hause, als wenn Sie jetzt gehen würden, ja? Bitte bleiben Sie! Zehn Minuten?!

Nina legt ihr Täsch-
chen wieder weg,
sie scheint hin- und
hergerissen zwischen
Pflicht und Wunsch.
Dann nickt sie: Zehn Minuten. Bis der Wein zu
Ende ist.

Frank füllt ihr Glas
und reicht es ihr: Trinken Sie recht langsam . . .

Nina lächelt. Frank,
nach einer Weile: Können wir uns morgen wieder
sehen?

Nina: Nein.

Frank: Übermorgen?

Nina: Nein.

Frank: Über-übermorgen?

Nina: Auch nicht.

Frank: Könnten wir nicht vielleicht in
prinzipielle Erörterung über die
Frage des Wiedersehens eintre-
ten?

Nina schüttelt stumm den Kopf und schaut vor sich hin. Als Frank schweigt, blickt sie ihn an, lächelt etwas, aber ihr Gesicht ist traurig. Dann schaut sie wieder weg.

Frank: Nie?

Nina, leise: Nie.

Frank: Das ist schade.

Nina antwortet
nicht.

Frank: Ich bin traurig.

Nina: Und ich möchte es nicht wer-
                    den.

Frank: Wollen Sie mir nicht wenigstens
                    sagen, wo Sie wohnen?

Nina, ernst: In Moskau.

Mit der
schwäbsche Eisebahn...

Unter weißen Dampfwölkchen zuckelte im Frühjahr 1945, als die Front südlich von Wien zusammenbrach, ein Eisenbahnzug gemächlich durch die Gegend. Die Frauen und die alten Bauern – junge gab es nicht mehr auf den Feldern – schauten dem Zug versonnen nach. Sieh da! dachten sie, der kommt von dort, wo die Front liegen muß. Er ist leer, vielleicht holt er neue Soldaten aus Klagenfurt!

Aber er holte weder neue Soldaten, noch war er leer. Seine Insassen vermieden es nur, sich an den Fenstern zu zeigen. An sich war es noch ein ansehnlicher Zug mit mehreren Güterwagen, an die zum Schluß eine Reihe von Personenwagen angehängt war, ein stattlicher Zug mit einer der kriegsmäßigen Serienmaschinen vorneweg. Und dennoch war es kein stolzer Zug; denn alle Viertelstunden, wenn am Horizont feindliche Jagdflugzeuge auftauchten, hastete er Hals über Kopf einem Tunnel oder einem Hohlweg zu, um sich dort zu verbergen. Der Zug hielt dann, die Lokomotive gab nicht das kleinste Rauchwölkchen von sich, sie hielt sozusagen den Atem an, und alle Insassen taten das gleiche. Sie hatten den stehenden Zug verlassen und säumten, unter den Büschen sitzend, den ganzen Hohlweg. Da konnte man sehen, daß der Zug von einer ganz erheblichen Schar abgerissener Soldaten bevölkert war, die, an Grashalmen kauend, in den Himmel starr-

169

ten und die kreisenden feindlichen Flieger immer wieder zu jener Tätigkeit einluden, zu der Götz von Berlichingen bei Goethe den kaiserlichen Herold freundlich einlädt. Unter den feldgrauen Gestalten saß auch der Gefreite Peco Scheuble, der das Marschziel Stuttgart, Neckarstraße Nr. soundso, dritter Stock, hatte. Er hatte keinen militärischen Marschbefehl, sondern sozusagen nur einen inneren Befehl. Niemand von denen, die dort saßen, hatte einen Marschbefehl in die Richtung, in die der Zug fuhr. Ursprünglich war der Zug tatsächlich leer gewesen. Zum Staunen des Lokführers hatte er sich stillschweigend im Laufe weniger Stunden bevölkert.

Der Lokführer war Grazer und der Heizer aus Florisdorf. Für sie gab es nichts Idiotischeres, als zu diesem Zeitpunkt Frau und Kind allein lassen und ausgerechnet nach Klagenfurt dampfen zu müssen, um irgendwelche Ersatzteile zu holen, die bestimmt gar nicht mehr existierten, und an eine Frontstelle zu bringen, die dann bestimmt auch nicht mehr existierte.

So geschah es, daß der Zug sich auf etwa Dreiviertel des Weges nach einer der zahllosen Fliegerpausen nicht mehr in Bewegung setzte. Die Jäger waren abgebraust, die Landser hatten ihre Waggons wieder erklettert, sie legten sich auf den Holzbänken lang und warteten, aber sie warteten vergeblich. Heizer und Lokführer waren getürmt. Es war eine peinliche Entdeckung.

Die ganze Schar der Schwarzfahrer umstand verstört die schnaufende, aber unbewegliche Lokomotive, während von der Berghöhe herunter die beiden Ent-

170

laufenen ihnen noch ein letztes „Juhu!" zuriefen, ein, wie man zugeben wird, völlig unmilitärisches Verhalten, das der Gefreite der Luftwaffe, Peco Scheuble aus Stuttgart, mit dem etwa gleichwertigen Wort „Sch . . ." beantwortete.

Es stellte sich heraus, daß niemand einen Lokomotivstand jemals auch nur von ferne gesehen hatte, und man beriet, ob man nicht auch einfach in die Berge „abhauen" sollte. Peco warnte. Er wollte per Eisenbahn nach Hause und war überzeugt, daß man von Klagenfurt aus „bestens" nach Deutschland kommen würde. Er malte ihnen den Kältetod in den Bergen eindrucksvoller aus, als es je der zungengewandteste Vertreter einer Kühlschrankfabrik tun könnte, und dann schilderte er eine paradiesische Fahrt in einem Bremserhäuschen nach München oder Stuttgart oder Köln. Schließlich war man sich einig. Man wandte sich schon, um wieder die Wagen zu besteigen, da fiel ihnen ein, daß alles nichts nützte: sie kamen ja nicht vom Fleck. Dort stand nun die Lokomotive – nutzlos.

Da wuchs wieder einmal ein Vertreter des berühmten Gefreitenstandes über sich selbst hinaus. Peco erkletterte die Lok! „Dös wölle mer amol sähe, ob mer des Zügle net fortbringet! I hab die Ju 52 gfloge! Dös wär doch nomol schöner, wenn i mit dere Lokomotiv net fertig würd. Ha no! Zum Kohleschippe bräuchte mer halt ein. Du da, du muascht ruffkomme ond helfe. Ha jo, komm nur! So isch recht, Kamerad. Und etzt muascht schippe, ond i probier an älle Hebel ond Stange, bis mer fahret. Ihr andere müasset älle beiseit gange, falls mer explodieret."

171

Ohne dieser verheißungsvollen Bemerkung Beachtung zu schenken, drängte sich der ganze Haufen dicht an die Maschine, und der „Heizer" begann dann sogleich, unsinnige Mengen Kohle in die Feuerung zu werfen.

Von allen Seiten wurden Peco jetzt Ratschläge zugerufen. Jedesmal, wenn er an etwas zu drehen begann, trat Totenstille ein, und jeder horchte, ob nicht aus irgendwelchen Löchern Dampf zischen oder kochendes Wasser zu spritzen begann oder vielleicht ein Thermometer zerknallte. Tatsächlich stieß die Lokomotive plötzlich einen jammervollen Heulton aus, der erst wieder aufhörte, als Peco das Ding in seine alte Stellung gebracht hatte. Auf dem Führerstand wurde es immer. heißer. Peco und der „Heizer" zogen sich die Jacken aus.

Es gab Geräte, an denen zu drehen ihm einfach nicht gelang. Wahrscheinlich waren sie festgestellt. Gerade sie erregten daher das höchste Interesse der ganzen Gesellschaft. So probierte Peco, von kleineren Schräubchen und Hebelchen angefangen bis zu dem letzten großen, alles durch.

Plötzlich machte die Maschine langsam und bedächtig „schach-schach-schach-schach", und zum grenzenlosen Staunen der Landser, die darüber fast das Aufspringen vergaßen, setzte sich der Zug in Bewegung. Peco wischte sich den Schweiß von der Stirn und blickte stolz zu den Kameraden hinaus, die wie die Flöhe in höchster Eile auf die Trittbretter sprangen. Der „Heizer" kletterte über den Tender zu den Waggons, um dem Sieger etwas zu trinken zu besorgen.

Weiteres Drehen an Hebeln bewirkte, daß der Zug allmählich in erhebliche Fahrt kam. „Soll ick noch ufflejen? Noch Kohle ruff?" fragte der „Heizer".

„Noi, noi!" winkte Peco ab. „Dös langt bis Klagenfurt! Du muescht etzt no immer fleißig zum Fenster nausgucke, ob Flieger kommet. Hoffentlich kommet keine. I muß nun amol d'Brems suche."

Als sie aus einer langen Kurve herausbrausten, hatte er „die Brems" immer noch nicht gefunden. Statt dessen tauchten vor ihnen auf den Gleisen zwei abgestellte Güterwagen auf. Peco starrte erschrocken nach vorn. Ihm fielen fast die Augen aus dem Kopf: Die Wagen standen auf dem gleichen Gleis, auf dem er fuhr. In Bruchteilen von Sekunden durchlebte er alle Bilder, die er in den Wochenschauen jemals von Zusammenstößen gesehen hatte, von plattgequetschten Wagen und Lokomotiven, die sich überschlugen. Er wollte dem „Heizer" zurufen, sich festzuhalten, aber ehe er den Mund aufbrachte, war der Zusammenstoß erfolgt. Es gab einen schußartigen Knall, die Lokomotive zuckte zurück, als hätte sie eine Ohrfeige bekommen, Peco und der „Heizer" stießen mit den Köpfen an die Eisenwand, und dann – dann fuhr der Zug ruhig weiter. Er hatte die zwei Güterwagen sozusagen nur auf die Hörner genommen. Er schob sie vor sich her. In den Kurven konnten die Landser, die aus allen Fenster hingen, sehen, wie die beiden Waggons elegant mit sechzig Kilometern in der Stunde vor der Lokomotive herliefen. Sie amüsierten sich alle königlich.

Peco dagegen war mit Schrecken seine Situation klargeworden. „Weischt", fluchte er, „i kann die

Brems net finden, s'ischt zum Kotze! Ganz große Schaise! Was machet mer etzt?"

Er kaute verzweifelt an seinen Knöcheln. „Woischt, du kletterscht nach hinte und sagscht alle Bescheid: sobal mer den Bahnhof Klagenfurt sehet, tu i mit der Lokomotiv pfeife, und wenn i pfeif, na müsset älle mit oim Ruck d'Notbremse ziehe. Vielleicht hält na des Zügle. Mer dürfet auf keinen Fall neifahre, mer fahret sonst gewiß auf irgendebbes nauf, woischt, dös wär fürchterlich, mer würdet alle verunglücke. Stell dir nur dös Tempo vor, des mir hend? Mir würde alle platt wie die Flundern sein, woischt! Und auf dem Bahnhof isch bestimmt au no Feldpolizei! Du muscht dich beeile, mir müsset bald do sei!"

Der „Heizer" zog los und meldete nach einer Viertelstunde, daß alle instruiert seien. Dabei hätte er einiges erfahren. Erstens: Klagenfurt sei eine Kopfstation. Wenn man also den Zug nicht zum Stehen kriege, rase er durch das Bahnhofsgebäude.

„Schaise!" sagte Peco. Der „Heizer", der aus Berlin stammte, sagte: „Det issn doller Otto, wa?"

Zweitens hatten einige Kameraden die Meinung geäußert, die Geschichte mit der Notbremse werde nicht funktionieren: denn das Ziehen der Notbremse löse bestimmt nicht die Bremse selber aus, sondern gäbe nur dem Lokomotivführer ein dringendes Zeichen. „Mir brauche keine Zeichen", tobte Peco, „mir gebe doch dene eins!" Der „Heizer" nickte nur. Er sagte, na, jedenfalls würden, sobald der Pfiff ertöne, alle Mann an den Bügeln der Notbremse hängen. Man merkte die Unruhe im Zug. Niemand versteckte sich jetzt mehr, alle Fenster waren besetzt. Niemand schaute mehr in den Himmel nach Fliegern, alles starrte nach vorn, wo man bald darauf die ersten Anzeichen von Klagenfurt entdeckte.

Es dauerte noch einige Minuten, dann war es soweit. Peco hatte sich gemerkt, was er tun mußte, um die Lok zum Pfeifen zu bewegen. Er legte die Hand auf den Hebel.

„Was moinscht", fragte er den „Heizer", „was passiere wird? Halte mer oder fahre mer durch das Haus durch?"

Der Berliner wiegte ganz sachlich und ernsthaft den Kopf überlegend hin und her. Dann antwortete er:

„Wir ham sechzig Sachen druff. Ick globe, wir fahrn durchs Haus."

Peco sah ihn wütend an.

„Tut ma leid", entschuldigte sich der „Heizer", „tut ma schrecklich leid, ick glob es eben. Nie und nimma hält det Aas, bloß weil een paar Männeken an die Strippe ziehen. Aba vasteh mir richtig: Ick hab nich jesaacht, daß wa unbedingt hopps jehn, det ha ick nich jesaacht. Na, und nu pfeif man!" Peco spuckte ihm zum Zeichen seiner Verachtung vor die Füße. Dann pfiff er. Der Ton schrillte durch Mark und Bein. Aber ehe er sich dessen noch ganz bewußt war, ereigneten sich schreckliche Dinge.

Zunächst kreischte der Zug auf, dann packte den Peco und den „Heizer" die Faust eines Riesen und warf sie mit voller Wucht gegen die heiße Wand, zugleich kam vom Tender eine Wand von Kohle wie eine Lawine herunter und krachte auf die Eisenwände,

175

während das Kreischen der Bremsen zu einem dunklen Röhren absank. Peco und der Berliner sahen sich in der Ecke am Boden. Als erster war Peco auf den Beinen. Er sprang hoch – der Zug stand. Als er nach vorn blickte, sah er gerade noch, wie die beiden Güterwagen, die sich von der Lokomotive gelöst hatten, allein im Sechzig-Kilometer-Tempo auf den Bahnhof zurasten.

Peco hat nie erfahren, ob Klagenfurt eine Kopfstation ist oder nicht. Er hatte nicht abgewartet, wie sich die überraschende Ankunft der beiden Waggons auf dem Bahnhof gestalten würde. Er hatte seinen Brotbeutel ergriffen, seine Jacke übergeworfen und war mit einem Satz von der Maschine herunter. Er sah nur noch, daß ihm der Berliner auf dem Fuße folgte, und daß aus allen Wagen Gestalten sprangen und, wie er, zwischen die Häuser flüchteten.

Peterchens Mondfahrt

Peter Biese, Obergefreiter der Großdeutschen Wehrmacht, gab sich die Ehre, dreimal hintereinander beim Russen auszubrechen. Möglicherweise ist er heute ein Mann, der nicht einmal seine Wohnung ungesehen verlassen kann. Damals hätte ihm das keinerlei Schwierigkeiten bereitet.

Das erstemal brach er aus Angst aus, das zweitemal aus Sport, das drittemal aus „Gewohnheit" – so heißt doch wohl der kriminalistische Fachausdruck? So, wie man angesichts eines Warenhauses Kleptomanen entdecken kann, so konnte man damals im Stacheldrahtzeitalter die Entdeckung machen, daß es Ausbrechomanen gab. Man sollte ruhig ein Fremdwort dafür neu einführen, etwa Peugomanen oder, für geübtere Sprecher: Apodidraskomanen, was dasselbe bedeutet.

Die Russen nahmen Biese den ersten Ausbruch seltsamerweise nicht übel. Als er zum zweitenmal geflohen und durch polnische Landbevölkerung wieder eingefangen war, wurde er in ein Stettiner Lager überwiesen, in dem fünftausend Gefangene saßen. Er flog sofort in den Karzer zu fünfunddreißig anderen Insassen, die bereits auf dem steinernen Fußboden hausten.

Es war Herbst 1945. Wäre er nicht so versessen auf Ausbrüche gewesen, hätte er zu diesem Zeitpunkt eventuell schon entlassen zu Hause sitzen können. So aber lag er in Stettin auf Fliesen und holte sich Ischias.

Eines Tages wurde er aus der Strafhaft erlöst. Der Kommandant, ein russischer Major, ließ ihn sich, wie schon ein dutzendmal vorher, zum „Verhör" kommen.

Das Bemerkenswerte an diesen „Verhören" war ihre offensichtliche Unsinnigkeit. Sie verliefen alle gleich, hatten alle, wie bei Hofe, ein strenges Zeremoniell und brachten nie etwas Neues ans Tageslicht, denn die Russen wußten bereits alles aufs genaueste. Jedes Verhör fußte auf den Personalakten, also auf den Ermittlungen und Angaben über Lebenslauf, Dienstzeit, Fluchtversuche, und Biese glaubte anfangs, man warte darauf, daß er sich in Widersprüche verwickle, um ihn nach Sibirien zu verfrachten. Jedoch, das war ein kindlicher Irrglaube. Um jemanden nach Sibirien zu schicken, bedurfte es keiner besonderen Widersprüche. Nein, nichts dergleichen. Dem Major machte die Szene einfach Spaß, das war alles. Alle Russen haben Freude an kriminalistisch-psychologischen Experimenten.

Biese trottete also eines Tages wieder hinter dem Posten her in Richtung Kommandantura. Der Major saß hinter seinem Schreibtisch, an seiner Seite eine russische Dolmetscherin in Offiziersuniform.

„Nehmen Sie Platz", sagte die Dolmetscherin. Biese grüßte militärisch, dann setzte er sich dem Major gegenüber. Der Kommandant blätterte in den Akten.

„Ah – Biesää –" sagte er dann, blickte auf und lachte.

„Na – wie geht, Biesää?"

„Ausgezeichnet", antwortete Biese ungerührt, „noch besser wäre kaum noch zu ertragen."

Der Major sagte ja, ja, und nickte wie ein chinesischer Pagode. Er wandte sich wieder den Papieren zu, und langsam erlosch das Lächeln auf seinem Gesicht. Plötzlich schlug er wütend mit der flachen Hand auf den Tisch und brüllte: „Aufstehen! Dawai los, los!"

Biese stand auf. Durchaus ohne Erregung. Es pflegte nie etwas Besonderes zu folgen.

Der Major fragte: „Warum du weglaufen, Biesää? Warum?"

Die Frage war uralt.

Biese pflegte sie immer gleich zu beantworten, er sagte also: „Ich wollte nach Hause, der Krieg ist ja zu Ende!"

Der Major darauf: „Warum nach Hause, Biesää? Warum?"

„Ich wollte zu meiner Frau und meinem Kind." Jetzt wurde der Major spöttisch: „Nach Hause, immer nach Hause! Alle immer nach Hause! Ich vier Jahre nicht nach Hause. Ich auch Frau, ich auch Kind. Alle später nach Hause, aber jetzt warten. Nix weglaufen." Dann schrie er ihn an:

„Du wieder weglaufen?"

„Ne", sagte Biese. Er sagte es stets. Ob es den Major wohl gefreut haben würde, wenn Biese einmal soviel Courage gehabt hätte, ja zu sagen?

Der Major wurde ruhiger. „Du bald nach Hause. Jetzt wieder setzen."

Biese setzte sich also wieder. Der Major schob ihm ein silbernes Zigarettenetui hin.

„Kuritj – rauchen?" fragte er. Schön, dachte Biese, also rauchen wir mal. Der Major gab Feuer. Eine

181

Weile schwieg er, dann drückte er seine Zigarette aus, sah sein Gegenüber lauernd an und fragte:

„Du SS?"

Uralte Frage. „Nein."

„Nix SS? Biesää? Nix SS?"

„Nein."

Pause. Dann: „Du lügen! Du wohl SS!"

Mein Gott, ist das langweilig, dachte Biese. „Ich war nicht in der SS."

„Nix? Doch! Dawai! Los – zeigen Arm!"

Biese zeigte ihm, daß bei ihm kein Blutgruppenzeichen eintätowiert war.

„Gut – du also nix SS. Aberrrrr – du Kapitalist?"

Diese Behauptung war neu. Sie wirkte in dieser Lage sehr witzig, war allerdings nicht witzig gemeint.

„Ich nix Kapitalist!"

„Du wohl Kapitalist! Du Elektrik, du Meister mit Arbeiter, du ausbeuten Arbeiter, du Kapitalist!"

„Ich? Keine Spur. Ich nix Meister."

„Du wohl", beharrte der Major. „Du nix? Nitschewo – ich weiß schon."

Die Dolmetscherin rauchte und sah in die Luft. Der Major spuckte zur Abwechslung mal auf den Boden. Plötzlich griff er zur Pistole, die vor ihm auf dem Tisch lag, kam um den Tisch herum und stellte sich hinter den Gefangenen. „Dawai! Los! Aufstehen!"

Das war auch nicht neu, aber immer wieder ziemlich ungemütlich. Die Dolmetscherin spielte mit dem Bleistift und schaute weg. Der Major stand immer noch hinter Biese. Der Deutsche spürte einen leichten Stoß und Druck im Nacken. Er wußte, was es war.

„Du sagen, du waren Rußland?" flüsterte der Major neben seinem Ohr.

„Ja – bin ich."

„Wieviel russische Soldaten du kaputt?"

„Ich weiß nicht. Ich war Soldat, aber Artillerie. Ich habe keinen Menschen bewußt getötet. Niemand."

„Du lügen! Wieviel? Schnell sagen wieviel – sonst aus –"

„Niemand. Aber ich war Soldat."

„Du Rußland, du russische Frauen und Kinder kaputt!"

Was sollte man darauf antworten? Biese schwieg. Der Major wartete, dann drückte er die Mündung der Pistole fester in Bieses Genick. Er wartete. Biese wartete auch. Hatte er Angst? Klar hatte er Angst.

Dasselbe fragte übrigens auch der Major.

„Du Angst?" Er ging dabei wieder zu seinem Platz zurück, als sei nichts geschehen. Und Biese antwortete: „Nicht in die Tüte."

Darauf der Major lächelnd: „Gut, du nix Angst. Du wissen, ich Major guter Mensch – verstehen?"

„Jawohl", bestätigte Biese, worauf der Major nun überraschend fortfuhr: „Du nix mehr Karzer, Biesää, du Spezialist, du Elektrik. Ich sage, jetzt du Lager-Elektrik, verstehen? Du jetzt Lager-Elektrik! Gut?"

„Prima."

Darauf wurde der deutsche Lagerführer, der Rote Willy, gerufen und ihm die Neuigkeit mitgeteilt. Der Lagerführer war wenig erbaut darüber.

Er führte Biese zu einer Holzbude, die zwischen zwei Steinbauten unmittelbar in der Nachbarschaft des vielfachen Stacheldrahts und der Straße lag. Das wurde die Werkstatt.

Pritsche, Strohsack, zwei Wolldecken und ein Gerümpelhaufen von halbkaputten Werkzeugen.

Das hätte der Major nicht tun sollen, es war der Anfang vom Ende. Die Holzbude wurde zum Startplatz für Bieses dritten und letzten Ausbruch. Er verschwand wenige Tage später – in einer Mondrakete.

Vielleicht hatte der Major gleich den Verdacht, daß Biese sich wieder verabschieden würde. Er kam damals in seine Bude, um sich zu überzeugen, wie es ihm ginge, und sagte, indem er ihm freundschaftlich auf die Schulter klopfte: „Gut hier, Biesää? Du gut machen Elektrik, gut essen, gut schlafen, nix viel Arbeit, du fein Kommando hier, du nix wieder weglaufen? Wenn weglaufen, dann wir doch schnappen, und dann ich Major dich machen tot. Dann du kaputt!"

Das war ernst gemeint, natürlich. Andererseits unterstützte der Major von nun an Biese gegen den „Roten Willy" in allem. Die Russen haben zwar die Speichellecker benutzt, aber sie haben sie im Grunde genommen verachtet. Der Major ließ dem „Elektriker" auch eine tischgroße Kiste zum Unterbringen der Werkzeuge schreinern. Biese stellte sie in eine Ecke, und angesichts dieser herrlichen, großen Kiste gebar er die besagte Idee zum Ausbrechen.

Es war an sich eine erstaunlich simple Idee, sie war nur glänzend „verpackt". Man muß daher die Geschichte so serviert bekommen, wie sie der Major sah und erlebte.

„Biesää" reparierte zunächst Lampen, Telefone und

Radios für die Russen und besorgte die elektrischen Anlagen an der Bühne; selbstredend gab es eine Lagerbühne.

Eines Tages kamen zwei Freunde, die dort einen Schauspieler-Job hatten, zu Biese und sagten, sie „benötigten" eine Mond-Rakete. Es sollte demnächst ein neuer Sketch gespielt werden, in dem sie eine Mondrakete brauchten. Der Inhalt des neuen Stückes war bodenlos blödsinnig: Ein junger Mann, ein armer Ingenieur, gespielt von Otto Mutschmann, liebt und ist heimlich verlobt mit einer Millionärstochter, gespielt von Wilhelm Rocke. Der Vater der Braut aber willigt in die Heirat als echter Kapitalist nicht ein. Nun ist der junge Ingenieur zwar ein armer Hund, aber wie alle armen Proletarier ein Genie. Er baut sich also eine Mondrakete. Er und die liebende Braut steigen ein und brausen vor den Augen des weinenden, reuigen Kapitalistenvaters davon.

Eine wirklich erhabene Fabel.

Und dafür sollte Biese nun eine Mondrakete bauen. Aber eine, die wirklich abschwirrte. Wie – das war seine Sache.

Wie weit sie abschwirrte – war auch seine Sache. Sie sollte nur wie eine echte abschwirren.

Biese baute also eine Mondrakete. Von nun an verbrachten Otto und Wilhelm jede freie Minute in seiner Bude, sie wurden Freunde, und Biese weihte sie in seinen Fluchtplan ein. Sie waren sofort Feuer und Flamme. Die ganze Sache nannten sie unter sich: mit der Rakete abhauen. Natürlich ließen sie nicht einmal im Scherz ein Wort durchsickern.

Sie waren daher ziemlich sprachlos, als der Major auf den gleichen Gedanken kam. Eines Tages, als die Rakete fast fertig war, erschien er nämlich in der Werkstatt und sah sich das Ding, von dem er schon gehört hatte und auf dessen Premiere er sich freute, an. Er ging um die Rakete herum und betrachtete sie mißtrauisch. Sie glitzerte und blitzte, denn sie war sehr eindrucksvoll mit silbernem Zigarettenpapier bepflastert, und ihr Leib sah wie genietet aus. Der Major stiefelte argwöhnisch auf und ab, und erst als er einen Blick in das primitive Innere getan und gesehen hatte, daß es leer war, lachte er unsicher und sagte:

„Du Biesää – nach Hause mit Raketää?"

Biese lachte nur, ohne zu antworten, und der Major wurde dadurch nicht beruhigter.

Die Russen sind ungeheuer leichtgläubig auf der einen, und ungeheuer mißtrauisch auf der anderen Seite. Der Major hatte von dem Augenblick an, wo er mitten im Lager eine Mondrakete wußte, keine ruhige Nacht mehr. Eine Woche später war die Premiere des neuen Stücks „Fahrt zum Mond". Biese assistierte als Elektrofachmann diesmal notwendigerweise hinter der Bühne. Der Zuschauerraum war zum Bersten voll. Die Handlung rollte unter viel Beifall ab, die gefangenen Landser lachten, und auch die Russen amüsierten sich. Der Kommandant saß in der Mitte der ersten Reihe. Er lachte auch, aber man sah, daß er unruhig dem Moment entgegenging, wo die Sache mit der Mondrakete abrollen sollte.

Der Augenblick kam.

Otto, der arme geniale Proletarier, und seine Braut

Wilhelm liefen dem zeternden Millionärs- und Kapitalistenvater davon, schoben ihre Rakete auf die Bühne und bestiegen sie vor aller Augen. Die Täuschung war vollkommen. Man sah die beiden einsteigen und darin verschwinden, dann klappte die Luke zu, die Rakete prasselte los, kleine Feuergarben stießen aus dem Schwanz-Ende, und dann setzte sich die Mondrakete langsam in Bewegung. Sie erhob sich, schwebte von der Bühne, quer durch den vorderen Teil des Zuschauerraumes und verschwand zwischen Bühne und Bretterwand. Die Scheinwerfer folgten ihr bis dahin und leuchteten auch die vielen Sterne an, die Biese auf ihrem Wege aufgehängt hatte.

Der Kommandant schaute mit offenem Munde dem silbernen Wunder nach. Die Landser klatschten wie wild, alles lachte und schrie durcheinander. Dann ging das Licht im Zuschauerraum an, die Vorstellung war zu Ende. Da sprang der Major auf, hochrot im Gesicht, und schrie: ,,Biesäää! Biesäää!‟

Biese rannte zu ihm und sah den Russen befreit aufatmen. ,,Biesää! Du gut Elektrik! Biesää, du Raketää machen gut! Caroscho! Du morgen Schnaps! Ich geben Schnaps für dich, Biesää! Du gut Elektrik!‟

Plötzlich stieg ein neuer, schrecklicher Verdacht in ihm auf, er schrie: ,,Wo Artist? Wo Artist? Artist her!‟

Otto und Wilhelm kamen grinsend herbei. Der Major schnaufte tief.

Nach diesem rauschenden Erfolg begaben sich die drei Deutschen in die Werkstattbude.

Das war das letzte, was man von ihnen sah.

Am nächsten Tag waren sie verschwunden.

Sie befanden sich vierundzwanzig Stunden später bereits auf dem Weg nach Wittenberg. Einige Tage darauf überquerten sie mit einem alten morschen Kahn die Elbe. Bei Hannover drückten sie sich noch einmal die Hand, und dann ging jeder von ihnen programmgemäß nach Hause.

Im Lager herrschte inzwischen panische Aufregung. Als man die drei beim Morgenappell vermißte, raste der „Rote Willy", Schlimmes ahnend, in die Bude. Niemand da! Aber nicht nur das – etwas viel Schlimmeres: Die Mondrakete war ebenfalls weg!

Zwei Jahre später erhielt Biese eine Beschreibung dieser Szene von einem Freunde, der inzwischen endlich auch entlassen war und das alles mitangesehen hatte.

„. . . . natürlich mußte der Rote Willy sofort den Kommandanten verständigen. Du kannst dir ja vorstellen, Peter, wie er zitterte. Der Major, hinter ihm leichenblaß Willy, kam in deine Bude gestürzt und brüllte: ‚Wo ist Biesää? Wo ist verfluchte Raketä? – hä – wo ist?' Der Rote Willy schwitzte Blut. Der Major schrie: ‚Biesää mit Raketä wegfliegen! Du suchen Raketä! Wenn nix finden, dann du nix mehr Kommandant, du schlimm haben, du Karzer, du vielleicht kaputt!' Der Rote Willy wollte den Major aufklären, daß man mit der Rakete nicht wegfliegen könne, aber der Kommandant schrie ihn an: ‚Du nix sagen, nix, nix. Ich sagen ja, ja, ja – wo sein Raketä – hä – wo Raketä? Biesää weg mit Raketä! Du werden kaputt!' Na, und stell dir vor, Mensch, das wäre doch niemals rausgekommen, wie ihr abgehauen seid, wenn nicht der neue

Elektriker ein so saublöder Hund gewesen wäre. Sieben Tage hat es gedauert, dann kam er eines Morgens gerannt und meldete, er habe einen Fund gemacht, etwas ganz Dolles. Na, Mensch, wir waren natürlich gespannt wie ein Flitzbogen. Und tatsächlich, er hatte euren Trick entdeckt und meldete ihn, dieser Idiot! Ich muß sagen, Peter, ihr drei habt wacker gearbeitet! Aber das Schönste daran war doch, daß ihr das mit der Raketengeschichte verbunden habt, obwohl sie gar nichts damit zu tun hatte. Und wenn dieser elektrische Schafskopf es nicht ausgequatscht hätte, so würde der Major bis zum heutigen Tage glauben, ihr hättet euch eine Rakete gebaut und wärt damit abgehauen . . ."

Sie erinnern sich doch, daß Biese eine tischgroße Kiste bekommen hatte? Diese Kiste hatte er in eine Ecke der Bude gerückt, an den Seitenwänden zum Schein ein paar Werkzeuge angebracht, sie aber in Wahrheit leer gelassen. Den Boden machte er nach innen zum Aufklappen, genau wie den Deckel. Dann stiegen die drei jede Nacht in die Kiste und buddelten von dort aus unermüdlich einen unterirdischen Gang. Das war eine Glanzleistung. Sie mußten unter einer Hausecke, unter dem Zaun und der Mauer und unter der gepflasterten Straße durch! Biese hatte den ganzen Gang beleuchtet. Fünf elektrische Birnen brannten, während sie arbeiteten. Die Erde trugen sie händeweise weg und verstreuten sie. Der Angelpunkt der ganzen Ausbruchsidee war die Kiste. Sie war die Entreetür in die Freiheit.

Die Mondrakete verbrannten sie in der Nacht vor dem Ausbruch stückweise.

Eines bleibt noch zu berichten: Biese ahnte, daß sein Nachfolger, der neue „Elektriker", vor Angst zittern und seine Entdeckung melden würde. Vorsichtshalber hatte er daher auf die Innenseite des zweiten Kistendeckels in großen roten Buchstaben geschrieben:

„Jab twoj mat – Euer Biesäää!"

Der Major las es und wurde krebsrot im Gesicht. Er zog, als er es las, seine Pistole, feuerte zwei Schüsse in den unterirdischen Gang und sagte tiefbefriedigt:

„Verdammt – Biesää kaputt! Caroscho!"

Das behagliche Gruseln

Ich will nicht sagen, daß alle großen Dichter einmal einen Kriminalroman geschrieben haben, das wäre übertrieben und könnte mir an Hand von Courths-Mahler und Paul Heyse sofort widerlegt werden. Aber ich möchte gern behaupten, daß fast alle olympischen Dichter einmal ein Werkchen verfaßt haben, das aus dem gleichen Geiste entstanden ist. Goethe, um mit diesem völlig einwandfreien Dichter zu beginnen, schrieb ein Operettenlibretto. Schiller verfaßte einen „Verbrecher aus verlorener Ehre". Heinrich von Kleist war Mitarbeiter einer gereimten Rätselecke. Balzac (Ausländer, immer gut!) ist mit seinem Vautrin der wahre Vater des Kriminalromans. Edgar Allan Poe ist der Onkel. Waldemar Bonsels, um ins flache Land hinabzusteigen, schrieb ohne Scheu den „Mortimer", ebenfalls einen Kriminalroman.

Was in aller Welt trieb diese Dichter dazu? Der Kriminalroman gilt seit seiner Geburt als illegitimes Kind der Literatur, als Stiefkind. Ich möchte als moderner Menschn sagen: als rassisch Verfolgter. Er ist ein Kind der Liebe und des Lächelns. Sie erinnern sich wohl, daß gerade darin sowohl Goethe als auch Balzac und Bonsels groß waren, so daß ich den Schluß ziehe: Sie taten es aus Protest gegen den tierischen Ernst der Welt!

Dagegen ist nun wirklich nichts mehr zu sagen. Dagegen verblassen und werden abwegig, ja geradezu spießig, alle Argumente wie: der Kriminalroman spekuliere auf billige Gefühle, er sei weder schön noch erhaben (im Sinne der Definition von Kant), er sei eine Spielerei, er sei monoton, er sei ethisch unergiebig, eventuell sogar moralisch gefährlich. Du lieber Gott! Moralisch sind Maupassant, Mailer, Miller und McCarthy auch nicht gerade ungefährlich, ethisch sind sie auch nicht allzu ergiebig, welche Argumente! Die Wahrheit ist, daß es gar nicht so einfach ist, etwas Vernünftiges gegen Kinder der verspielten Liebe vorzubringen, sonst gäbe es sie nämlich nicht.

Nun liegen die Dinge so, daß es auch nicht gerade die einfallsreichsten Köpfe sind, die gegen den Kriminalroman, den guten, meine ich, anrennen. Der gute Kriminalroman (wir werden uns gleich darüber verständigen, was „gut" ist) wird gerade von geistvollen, anspruchsvollen Menschen gelesen. Ärzte, Juristen, Professoren, Schriftsteller sind die besten Kunden dieser Spezies. Das liegt natürlich daran, daß gerade die geistig arbeitenden Männer einmal ausspannen wollen. Ganz recht! Diese Erklärung stört mich nicht im mindesten. Es ist eine sehr anständige Mission, Menschen Entspannung zu bringen, und es gehört wirklich der ganze Hochmut von kulturellen Stelzengängern dazu, dies madig zu machen. Es gibt, das weiß ich allerdings, Leute, die haben eine panische Angst vor dem „Ausspannen". Das kann ich gut begreifen, denn es ist durchaus nicht das leichteste in der Welt, auch ohne Korsett noch eine tadellose Figur zu machen. Madame – ich sehe, wir verstehen uns!

Die Gegner also, die eine geschliffene Klinge gegen den Kriminalroman zu führen imstande wären, denken gar nicht daran, es zu tun. Eine andere Gruppe, die ihn sehr wirkungsvoll mit Bierseideln, Fäusten und Schöpflöffeln niederschlagen könnte, tut es ebenfalls nicht. Brave mittlere Beamte und Raumpflegerinnen lesen ihn gern. Aber sehen Sie, gerade die ... ach, erlauben Sie, daß ich einen Augenblick bei den Raumpflegerinnen verweile!

Sie, die an Unbefangenheit und Erlebniskraft ihre Raumpflege-Auftraggeber mitunter turmhoch überragen, ausgerechnet sie sollen es sein, die den Maßstab für das literarisch Minderwertige, Flache und Kitschige bilden. Gerade, weil auch sie Krimi lesen, ist angeblich der Beweis erbracht, daß er keine Literatur sei. Nicht doch, das tut mir weh!

Jedenfalls ist aus der Tatsache, daß auch Katzen gern Filetsteaks verspeisen, nicht ersichtlich, warum Filetsteaks deshalb nun nicht mehr zu den Delikatessen zählen sollten. Denen, die etwas von Musik verstehen, rufe ich als weiteren Beweis nur ein Wort zu: Puccini! Vor seiner Musik erweichen stolze Herzen ebenso, wie geistig ärmere erbeben. Nur keine Ängstlichkeit!

Der Kriminalroman befindet sich allerdings in einer wesentlich schwierigeren Lage: Er ist noch im Verruf aus der Zeit her, wo es in ihm von unterirdischen Gängen, Falltüren, Schlingen und schießenden Bleistiften, von Jagden, Masken und falschen Bärten wimmelte. Es gibt solche Exemplare auch heute noch. Ja, eigentlich gehört auch Edgar Wallace dazu. Er ist in summa ein ziemlich primitiver Bangemacher. Da wird mit roten Kreisen um den Hals, mit Türen mit sieben Schlössern, mit riesigen Geheimorganisationen und blinden Drehorgelmännern gearbeitet wie einst bei Herrn Vulpius mit Rinaldo Rinaldini.

Aber heute gibt es Kriminalromane, die es an Geist, an Erfindung, an ausgesprochen heiterem, leicht ironischem Charme mit sehr vielen Werken der sogenannten ernsten Literatur aufnehmen. Eines ist allerdings geblieben: Immer noch liegt der Reiz des Kriminalromans im Einfallsreichtum der Lösung. Also in etwas Technischem. In etwas, was ausgeklügelt werden muß. Aber ist das ein Manko? Hat Goethe *nicht* geklügelt? Hat Schiller nicht an ihn geschrieben: „Ich beabsichtige, das Thema von den Kranichen des Ibikus in eine Ballade zu fassen, ich weiß nur noch nicht recht, wie ich die Lösung bringe . . .“?

Bravo!

Sherlock Holmes wüßte jetzt was!

Das 11. Kapitel aus einem Kriminalroman:

Inspektor Bähr fand im „Interzonen"-D-Zug nach Kassel einen in Anbetracht des Jahres 1947 noch ausgezeichneten Platz: Er stand auf seinem linken Bein im Türrahmen zur Toilette, ein Platz, um den ihn viele beneideten, da er von Zeit zu Zeit mit einem älteren Herrn abwechseln und auf dem Abort sitzen konnte.

Er litt. Er litt ganz schrecklich und verwünschte seinen Beruf, während ihm die Phantasie das stille Dasein eines Gelehrten oder das geruhsame Amt eines Landpfarrers vorspiegelte. Um sich herum sah er die berühmtesten Typen der Trümmerjahre, den heimkehrenden Soldaten, der die Situation verhältnismäßig gemütlich und die Umstände komfortabel fand, die zu Besuch fahrende Tante, die viel zu oft betonte, daß es unerhört sei, wie sinnlos und unnütz die Menschen spazierenführen, den Reisenden, der routiniert mit einer Hand das Gleichgewicht hielt und mit der anderen in der Jackentasche eine Zigarette drehte, ohne ein Auge von seinem Koffer zu lassen, die hamsternde Mutter, die auf ihrem Kartoffelsack hockte und eisern und am Rande ihrer Kräfte ein menschliches Bedürfnis aus unüberwindlichem Schamgefühl unterdrückte, und schließlich den Herrn ohne besondere Kennzeichen und auch ohne besonderen Beruf, der auf dem Gebiet des Schwarzmarktes und seiner Preise erstaun-

199

lich gut Bescheid wußte. Von allen wurde Inspektor Bähr ins Vertrauen gezogen, teils seelisch, teils indem sie sich nachts einfach an seine Schulter lehnten. Ab Kassel wurde der Zug unerwartet leerer. Bähr, eine ältere Dame und ein eleganter Herr fanden in einem sogenannten „halben" Abteil, in dem es nur drei Sitzplätze gibt, Platz. Der Herr hatte einen Tragsack bei sich, mittelgroß und ziemlich schwer. Ihm entstieg nach einiger Zeit in dem kleinen Raum ein angenehmer Kaffeeduft. Auch die Dame merkte es und fingerte seitdem aufgeregt an ihrer Handtasche herum, umso nervöser, je näher der Zug der englisch-amerikanischen Zonengrenze und der eventuellen Kontrolle kam.

„Riechen Sie etwas?" flüsterte der Herr dem neben ihm sitzenden Bähr zu.

„Ja."

„Das ist er." Der Herr deutete auf den Tragesack.

„Der ganze Sack voll?" fragte Bähr leise.

Der Herr nickte.

„Na und? Die Kontrolle?"

„Die darf nicht kommen."

„Und wenn sie doch kommt?"

„Dann hat's gebumst. Dann sitze ich drin. Und wie!"

Bähr nickte.

Die Grenzstation nahte. Der Zug hielt. Tatsächlich – man sah Beamte ausschwärmen.

„Da kommen sie!" sagte Bähr.

Der Mann faltete ergeben die Hände.

„Mir gehört er ab jetzt nicht mehr."

200

„Wer kommt?" schreckte die Dame auf.

„Die Kontrolle, meine Dame."

„O Gott! Ich habe – ich habe – Kaffee bei mir – man riecht es ja – hier, ein ganzes Pfund – sehen Sie, in der Tasche! Was mache ich bloß? Ich schütte es aus dem Fenster! Aber dann sehen sie es ja! Was mache ich bloß?"

Sie wandte sich speziell an ihren erbleichten Nebenmann, den mit dem Tragsack.

„Was raten Sie mir? Wissen Sie nichts?"

„Ich bin doch kein Sherlock Holmes!" stöhnte er, „der wüßte jetzt was."

„Und Sie, mein werter Herr?" fragte sie flehentlich Bähr.

„Halten Sie mich für so gescheit?"

„O ja", beteuerte die Dame begeistert. „Sie sehen so aus, so sehr, sehr vertrauenerweckend."

„Ich werde Ihnen einen ausgezeichneten Rat geben: Stecken Sie die Tüte unter Ihren schönen steifen Hut, meine liebe Dame." Sie schlug die Hände über dem Kopf zusammen, zog die Nadel aus der gewichtigen Kopfbedeckung, nahm den Hut ab, packte die Tüte flach darunter und befestigte ihn wieder. Der Mann mit dem Tragsack sah es neidvoll.

Es war höchste Zeit. Die Kontrolle kam.

Der Beamte hatte kaum die Tür geöffnet, als er mit der Nase schnupperte.

„Hat jemand unerlaubte Ware mit sich?" Er schnupperte. Schweigen.

„Machen Sie keine Geschichten! Wo ist der Kaffee?" Er sah sich um, er sah auf die erbleichte alte

201

Dame, auf den blassen Mann, auf den lächelnden Bähr, auf den Tragsack.

Da sagte Bähr plötzlich in die erwartungsvolle Stille hinein:

„Die Dame hat ihn! Unter dem Hut." Totenstille. Selbst der Kontrollbeamte war sprachlos. Die Dame griff mit zitternden Händen unter den Hut und holte die duftende Tüte heraus. Fassungslos sahen sie und der Mann Bähr an. Der Beamte, ebenfalls über diesen unerhörten Verrat verdattert, nahm die Tüte an sich und verließ wortlos das Coupé.

Kaum war er verschwunden, als der Mann mit dem Tragsack aufsprang, Bährs Hände ergriff und rief: „Sherlock Holmes! Das war einfach märchenhaft! Das war entwaffenend!"

Und zu der Dame:

„Haben Sie das begriffen? Nein? Gut, gut. Hier haben Sie zwei Pfund Kaffee, meine werte Dame! Besten Dank! Ihr Pfund hat meinen Sack gerettet!"

„Geben Sie ihr drei Pfund", bat Bähr. Der Herr tat es willfährig. Und sagte dann wieder zu Bähr, während der Zug schon anfuhr:

„Sie sollten Detektiv werden, mein Herr! Kriminalist!"

„Ja", staunte Bähr, „Donnerwetter! Wie leicht man die Polizei betrügen kann! Interessant."

„Das sind wirklich alles Idioten!" versicherte der Gentleman.

„Ach, das will ich nicht sagen", überlegte Bähr, „es . . ."

„Doch, doch. Alles Dummköpfe!"

„Meinen Sie wirklich? Manches ist doch nur Vertrauensseligkeit, schlecht angebracht natürlich, und ..."

„Glauben Sie mir: Idioten! Sehen Sie mich an. Ich habe seit 1939 noch keinen Handschlag gearbeitet. Kann ich mir nicht leisten! Ich mache prinzipiell nur krumme Sachen. Schauen Sie: Gold, Platin, das hier ist ein Brillant, dies ein Rubin. Und im Schuh sind noch ein paar niedliche Dingerchen. Ich riskiere immer alles, und stets hat es geklappt. Die Kriminalpolizei? Idioten."

„Ja, meinen Sie nicht, daß es oft nur daran liegt, daß sich ein Polizist, wie dieser vorhin, zu schnell mit einem Teilerfolg zufrieden gibt? Sehr lehrreich, übrigens, sehr lehrreich für die Praxis! Oder daß es daran liegt, daß diesem Polizisten das Konfiszieren von Kartoffeln und einem halben Pfund Bohnenkaffee zuwider ist?"

Bähr schaute ihn freundlich an, aber der Mann winkte überlegen ab:

„Glauben Sie mir: Idioten! Hier: Sehen Sie? Lebensmittelkarten! Wieviel wollen Sie haben? Zehn? Zwanzig? Oder mehr? 200 Mark das Stück. Liefere prompt. Polizei? Pah! Leben wollen die Menschen, das ist der Knalleffekt."

„Ja, ja", bestätigte Bähr bereitwillig, „aber mir geht noch nicht ganz in den Sinn, daß alle Kriminalisten Esel sein sollen. Sehen Sie: Ich selbst bin auch Kriminalist ... ja. Wußten Sie nicht? Ach! Doch, doch. Vom Münchner Polizeipräsidium. Ich hätte Ihnen zu gern erklärt, warum ich nicht glaube, daß alle Kriminalisten Idioten sind. Aber wir müssen uns leider trennen, denn

203

wir kommen jetzt nach Altenbecken, und da werde ich
Sie festnehmen lassen – nicht wegen des Kaffees, ach
Gott, nein, aber wegen der häßlichen Lebensmittelkarten. Ich selbst muß leider noch weiterfahren. In das
schöne Städtchen Detmold."